AF287807

Internationales Vertragsmanagement

Risikominimierung durch optimale Vertragsgestaltung in Einkauf und Logistik

Wilfried Krokowski / Sven Regula

Internationales Vertragsmanagement

Risikominimierung durch optimale Vertragsgestaltung in Einkauf und Logistik

Band 18
Praxisreihe Einkauf/Materialwirtschaft

Herausgegeben von
Prof. Dr. Horst Hartmann

Deutscher Betriebswirte-Verlag GmbH, Gernsbach

Bibliografische Informationen der Deutschen Bibliothek

Die Deutsche Bibliothek verzeichnet diese Publikation in der Deutschen Nationalbibliografie; detaillierte bibliografische Daten sind im Internet unter http://www.ddb.de abrufbar.

© Deutscher Betriebswirte-Verlag GmbH, Gernsbach 2012
Druck: KN Digital Printforce GmbH, Stuttgart
ISBN: 978-3-88640-151-2

Vorwort

Mit der Globalisierung der Sourcing-Aktivitäten können sich die Einkaufs-verantwortlichen den Fragen des internationalen Einkaufsrechts nicht ent-ziehen. Wer ist schon gewillt, ausgehandelte Preisvorteile durch juristischen Leichtsinn zu verspielen? Wer erkennt nicht, dass Lieferantenmanagement zugleich auch Risikomanagement ist, vor allem beim Aufbau und bei der Entwicklung eines internationalen Kunden- und Lieferantennetzwerks? Die optimale Gestaltung von Verträgen jeder Art mit Partnern in Osteuropa, Südamerika, Indien oder Asien muss daher, um Risiken zu vermeiden, zwangsläufig das Ziel eines jeden Einkaufsverantwortlichen sein.

Der vorliegende, von international und juristisch erfahrenen Autoren ver-fasste, Band 18 der Praxisreihe „Einkauf und Materialwirtschaft" bietet dem aufmerksamen Leser eine Fülle von zielführenden Ratschlägen, Informatio-nen und praxiserprobten Musterbeispielen. Vor allem auf nachstehende Themenbereiche wird eingegangen:

- Geltung und Anwendungsbereich des UN-Kaufrechts
- Gestaltung von internationalen Verträgen
- AGB im internationalen Rechtsverkehr
- Besonderheiten bei den Vertragsverhandlungen und bei der Abwick-lung internationaler Verträge
- Abschluss von Geheimhaltungserklärungen (Möglichkeiten und Grenzen)
- Schutz vor Know-How-Abfluss
- Besonderheiten bei der Abwicklung von Reklamationen
- Gestaltung von Werkzeugüberlassungsverträgen und Qualitätssi-cherungsvereinbarungen (Praxisbeispiele)

Ob im strategischen Einkauf oder in der Logistik, ob als Einkaufsprofi oder Jungeinkäufer gefordert, ob bereits international erfahren oder noch in der einkaufsspezifischen Aus- oder Weiterbildung, das Buch enthält Tipps und Tools für jeden!

Auch wenn in kritischen Situationen der Fachjurist gefordert ist: Mehr zu wissen als der Vertragspartner hat noch niemanden geschadet!

Der Herausgeber
Horst Hartmann
im Januar 2012

6

Inhaltsverzeichnis

1.0 Einführung

Im Rahmen des Risk-Managements bilden internationale Verträge und internationale Einkaufstätigkeiten eine unabdingbare Einheit. Doch wann, wie und im welchen Umfang setze ich einen internationalen Vertrag ein? Auf diese Frage versuchen die Autoren, RA Sven Regula (Experte für internationales Kaufrecht) und Dipl.-Ing. Wilfried Krokowski (Geschäftsführender Gesellschafter von GPS – Global Procurement Services), praktische Antworten zu geben. Beide Autoren besitzen jahrzehntelange Erfahrungen im Bereich internationaler Lieferantenverträge.

Der Leser wird feststellen, dass dieses Buch kein juristisches Grundlagenbuch ist, sondern ein praktischer Ratgeber und ein Nachschlagewerk für Einkäufer, Projektmanager und Führungskräfte im täglichen Umgang mit internationalen Lieferanten. ***Das vorliegende Buch kann eine individuelle Rechtsberatung nicht ersetzen,*** gibt aber Nichtjuristen einen umfassenden Überblick über das Thema internationales Vertragsmanagement. Hintergrundinformationen und praktische Tipps stehen im Vordergrund dieses hilfreichen Nachschlagewerks.

Die Rechtsabteilungen vieler deutscher Unternehmen sind dazu geneigt, ihre Einkäufer mit Standardverträgen und Einkaufsbedingungen nach deutschem Recht in die weite Welt zu schicken, wohl wissend, dass in der Regel das „Internationale Kaufrecht CISG" (siehe Absatz 3.0 ff, sowie im Internet unter www.unictral.org) vor dem nationalen deutschen Recht Anwendung findet.

CISG (Convention on Contracts for the International Sale of Goods) gibt in seinem Grundverständnis den Rahmen, die Definitionen und die Struktur vor, auf dessen Grundlage ein internationaler Kaufvertrag individuell erstellt werden kann.

Vielfach wird versucht, das internationale Kaufrecht mit Standardklauseln auszuschließen. Diese Vorgehensweise mag für viele Anwälte auf den ersten Blick Vorteile mit sich bringen, so braucht man sich nicht zusätzlich mit dem unbekannten „Internationalen Kaufrecht – CISG" auseinandersetzen. Doch hat diese Vorgehensweise vor einem Gericht in Peking, Abu Dhabi, Singapur oder Mexiko wirklich Bestand? Ferner wird vielfach außer Acht gelassen, dass sich der Einkäufer oder der deutsche Verhandlungsführer in China, Brasilien, Südafrika oder sonst wo auf der Welt nicht gerade weltmännisch gibt, wenn er einen englischsprachigen Standardkaufvertrag basierend auf deutschen AGBs sowie HGB und BGB präsentiert. Das Gleiche gilt für viele namhafte Industrieverbände, deren Rechtsabteilungen genau das ihren Verbandsunternehmen empfehlen. Jeder Einkäufer, der einmal mit internationalen Lieferanten am Tisch saß und ernsthaft Verträge verhandelt hat, wird dies bestätigen.

Mit diesem Buch wollen die Autoren dazu beitragen, dass es in international agierenden Unternehmen zum Standard gehören muss, Verträge an die Hand zu bekommen, die auf internationalem Recht basieren und vor allem international anerkannt sind.

1.1 Vertragsgestaltung – Welche Verträge sollten geschlossen werden?

Wie in der Einführung erwähnt, empfiehlt es sich vor einem internationalen Engagement in Sachen Einkauf sich darüber Klarheit zu verschaffen, welche Verträge zum Standardwerkzeug eines internationalen Einkäufers gehören. Als Empfehlung und Grundlage bieten sich folgende Verträge an:

- Allgemeiner Kauf- und Liefervertrag (für Waren- und Dienstleistungen) basierend auf CISG
- Geheimhaltungserklärung
- Qualitätsvereinbarung und gegebenenfalls ein
- Werkzeugüberlassungsvertrag.

Spezialverträge wie Arbeits-, Entwicklungs-, Projekt-, Lizenz- und Technologieverträge werden hier nicht näher betrachtet, da sie zu speziell sind und jeweils auf den Einzelfall zugeschnitten und angepasst werden müssen.

Bei der Vertragsgestaltung gilt in der Regel, dass wir eine freie Rechtswahl bei der Auswahl und inhaltlichen Ausgestaltung der Verträge haben und somit einen Individualvertrag zwischen den Vertragsparteien aushandeln können. Daher kann empfohlen werden, einen internationalen Liefervertrag auf der Basis des CISG abzuschließen und den Vertrag auf die individuellen Bedürfnisse hin zu überprüfen. Spezielle Punkte wie:

- Konkretes Verhalten im Gewährleistungsfall
- Kostenübernahme bei Beanstandungen
- Integration einer Qualitätssicherungsvereinbarung
- etc.

können ergänzt oder eingefügt werden. Die Struktur und der Grundgedanke, das Wesen des CISG sollte jedoch beibehalten werden. Der eindeutige Vorteil dieser Vorgehensweise ist, dass man das „Internationale Kaufrecht – CISG" in fast allen Ländern der Welt kennt, während der Bekanntheitsgrad von HBG und BGB außerhalb Deutschlands doch recht eingeschränkt ist.

Nach gründlicher Einarbeitung in die Grundlagen von CISG kann ein entsprechender internationaler Kaufvertrag erstellt werden. Dieser sollte in Wortlaut und Inhalt bzw. Struktur sehr eng an den Standardtext des UN-Kaufrecht (CISG) angepasst sein. Der Kaufvertrag sollte in die englische Sprache übersetzt werden. Von Anfang an muss darauf geachtet werden, sowohl in der deutschen als auch in der englischen Variante in der Terminologie des CISG zu bleiben. Dadurch werden Übersetzungsfehler vermieden und eine einheitliche Auslegung der vertraglichen Regelungen gewährleistet. Die Geschäftssprache in den meisten Ländern ist Englisch. Lokale Übersetzungen können damit vermieden werden. Eventuell könnte noch eine französische Variante für Europa und Afrika bzw. eine spanische für Südamerika Anwendung finden. Die Anlehnung des Vertragstextes an die Terminologie des CISG hat aber auch den Vorteil, dass selbst Übersetzungen ins Arabische oder Chinesische mit einer hohen Gewähr für Richtigkeit und einheitlicher Auslegung erfolgen können. Denn die verbindlichen Sprachen, in denen das CISG als Text vorliegt, sind arabisch, chinesisch, englisch, französisch, russisch und spanisch. Außerdem gibt es Übersetzungen in alle Sprachen der Mitgliedsländer, sodass auch Übersetzungen in viele andere Sprachen einfacher sind, wenn z.B. der deutsche Vertragstext in der Terminologie der deutschen Fassung des CISG abgefasst wird.

1.2   Vertragsmethodik und Abwicklung

Um eine möglichst effektive Vertragsverhandlung zu erzielen, wird folgende Vorgehensweise empfohlen:

Varianten erarbeiten und bereithalten

Nicht alle Punkte eines Vertrags werden inhaltlich vom Vertragspartner anerkannt. Es kann nützlich sein, im Vorfeld bereits Varianten/Alternativen für die Verhandlung parat zu haben. Besonders Punkte wie:

- Gewährleistung
- Schadensersatz
- Produkthaftpflicht, Versicherung
- Kostenübernahme bei Nichterfüllung etc.

werden konträr verhandelt werden. Die im eigenen Unternehmen abgestimmten Varianten und Alternativpassagen helfen bei der Verhandlung, erfolgreich zum Abschluss zu kommen.

Verträge im Vorfeld übermitteln

Geben Sie dem Vertragspartner Zeit und Gelegenheit, sich auf das Vertragsdokument einzustimmen und die Punkte intern abklären zu können. So kann kostbare Zeit gewonnen werden. In der Regel sollte 1-2 Wochen vor dem Verhandlungstermin der Vertragsentwurf beim Lieferanten angekommen sein.

Weniger ist manchmal mehr

Auch im internationalen Vertragsrecht gilt, zumindest aus der Sicht des vertragsführenden Einkäufers: Weniger Seiten Vertragstext mit eindeutig formulierten Passagen und mehr kurze und eindeutige Sätze sind hilfreicher, als sehr umfangreiche und praxisfremde Standardvertragswerke.

Alle Punkte sind anzusprechen und zu vereinbaren!

Lassen Sie keinen Punkt bei der Verhandlung aus und nehmen Sie sich genügend Zeit. Verlassen Sie keine Verhandlung in dem Irrglauben, die letzten beiden offenen Punkte könnten auch im Nachgang per E-Mail oder Telefon geklärt werden. Ihr Vertragspartner wird diese Gelegenheit gerne zum Anlass nehmen, das gesamte Vertragswerk im Nachhinein erneut zur Diskussion zu stellen. Das gilt besonders für Lieferanten und Vertragspartner aus dem asiatischen Raum. Sollten Punkte noch bei Abschluss der Verhandlung unklar sein, so definieren Sie die offenen Punkte mit Optionen. Versuchen Sie, die übriggebliebenen Punkte soweit wie möglich einzugrenzen und nur noch über die Alternativen/Optionen eine nachträgliche Vereinbarung zu treffen.

Abwicklung

Lassen Sie sich jede Seite des verhandelten Vertragswerks abzeichnen (parfieren), damit keine Missverständnisse über die vereinbarten Punkte bestehen. Verlassen Sie keine Abschlussverhandlung ohne diese Paraphen. Dies gilt ebenfalls für die Anlagen des Vertrags; auch diese gilt es lückenlos aufzuführen, durchzusprechen und abzuzeichnen.

1.3 Theorie und Praxis bei internationalen Verträgen

Nicht jede Kaufaktion wird einen individuell ausgehandelten Kaufvertrag zur Grundlage haben. Diese Arbeit bleibt den regelmäßigen Kaufbezügen und/oder höherwertigen Einkaufsteilen oder Dienstleistungen vorbehalten. Wo diese Grenze zu ziehen ist, ist im Rahmen des internen Risk-Managements im Vorfeld mit der Geschäftsleitung oder dem Controlling abzustimmen. Als zu empfehlende Größen können Kaufverträge mit einem Wert von über 50.000 bzw. 100.000 Euro angesehen werden oder regelmäßig vorkommende Warenlieferungen bzw. Dienstleistungen mit strategischen Lieferanten.

Auch die Finanzkraft oder die Größe des Lieferanten spielt hierbei eine wesentliche Rolle. Werden Liefergeschäfte mit Partnern geschlossen, die keine Substanz vorzuweisen haben, bringen auch die ausgefeiltesten Verträge keine Sicherheit. Die Verhandlung über einen Vertrag kann aber immer dazu beitragen, gegenseitige Erwartungen zu formulieren und ggf. frühzeitig die Grenzen des Vertragspartners zu erkennen. Umfang und Inhalt eines Kaufvertrags stehen deshalb im direkten Verhältnis zur Bedeutung des Rechtsgeschäfts für den Einkauf. Ein völlig risikofreies Geschäft mit einem zuverlässigen, solventen Lieferanten kann ggf. sogar formfrei am Telefon abgeschlossen werden. Bei einem hochriskanten Geschäft mit einer Start-up-Firma wird man dagegen über eine Vielzahl von Punkten reden müssen. In solchen Fällen bietet sich eine umfangreiche Vertragsvorlage als Gesprächsfaden an, auch wenn der Abschluss des Vertrags selbst in der Praxis letztlich keinerlei Sicherheit im Falle von Vertragsverletzungen bietet.

1.4 Risk-Management durch optimale Vertragsgestaltung

Im Vorfeld einer Kaufentscheidung muss geklärt werden, auf welches Risiko das Unternehmen sich einlässt. Leicht ist man dazu geneigt, von der ersten Anfrage über die Probelieferung bis hin zur Serienlieferung möglichst schnell voranschreiten zu wollen. Im Tagesgeschäft bleibt dann recht wenig Zeit, sich über mögliche Risiken wie:

- verspätete Lieferungen
- Qualitätsprobleme
- unterschiedliche Auslegung der Spezifikationen und Vorgaben

im Vorfeld Gedanken zu machen. Erst wenn der Schadensfall eintritt, wird eine operative Hektik an den Tag gelegt und der Schuldige gesucht. Im ersten Ansatz ist es natürlich immer der Lieferant (Ausnahmen bestätigen die Regel), doch bei genauerem Hinsehen und Prüfung des Falls treten die eigenen Schwachpunkte sehr schnell ans Licht. Man erkennt, dass man keine gültigen Vereinbarungen mit den Lieferanten getroffen hat, die von beiden Seiten akzeptiert und schriftlich fixiert wurden. Viele Punkte wurden zwar mit dem Lieferanten besprochen, aber es kam nie zu einem von beiden Seiten unterschriebenen Vertrag oder einer entsprechenden Vereinbarung. Im Bereich des „International Procurement" oder „Global Sourcing" ist das Kosten- und Unternehmensrisiko nicht unerheblich. Vielen Unternehmen sind in den letzten Jahren aufgrund falscher Entscheidungen und fehlender Kontrollmechanismen nicht unerhebliche Kosten entstanden. Den Vorteilen des internationalen Einkaufs stehen nicht zu unterschätzende Risiken gegenüber. Nachfolgend sei auf einige bedeutende Risikofaktoren hingewiesen:

- Rechtsnormen/Vertragssicherheit
- Lieferanten- und Qualitätsrisiko
- Währungsrisiko
- Länderrisiko und -rating
- Technologieverlust
- Logistik/Flexibilität
- Effektivität und Performance

Dies sind nur einige Punkte, die in einer fundierten und professionellen Global-Sourcing-Strategie rechtzeitig Berücksichtigung finden sollten. Um Entscheidungsprozesse vor dem Hintergrund einer Global-Sourcing-Entscheidung für das Unternehmen in ihrer gesamten Komplexität transparent, weitgehend objektiv und kalkulierbar darzustellen, müssen entsprechende Instrumentarien geschaffen und installiert werden. Das Risk- und Vertragsmanagement (Contract Management) besitzt leider in vielen Unternehmen noch nicht den Stellenwert, den es aufgrund seiner Bedeutung eigentlich haben sollte. Erst wenn die ersten negativen Erfahrungen gesammelt wurden, erklingt der Ruf nach Alternativen und entsprechenden Vorsorgemaßnahmen. Ferner besitzt der internationale Einkauf Besonderheiten, die in dieser Form oder Dimension im nationalen/europäischen Beschaffungsbereich nicht auftreten. Denken wir hier nur an die erhöhten Gefahrenpotenziale durch höhere Logistik- und Nacharbeitskosten, Vertragssicherheit oder den Verlust von Technologien (Stichworte: Know-How-Schutz und Copyright-Verletzungen).

Welche Auswirkungen haben die Störfaktoren auf Unternehmen?

- Ungeplante Kostenerhöhungen
- Störungen im Produktionsablauf (bis hin zum Produktionsstillstand)
- Umsatzrückgang und Rückgang der Kundenzufriedenheit

Was sollten Unternehmen planen um dies zu verhindern/zu minimieren?

- Identifizierung und Verstehen der möglichen Risiken
- Analyse der Wahrscheinlichkeit der eintretenden Risiken
- Erstellen von Maßnahmenkatalogen und Firmenpolicies
- Gegebenenfalls auch das Anpassen von Prozessen

Kein Geschäft ist risikolos, ferner können nicht alle Risiken abgesichert werden. Wichtig jedoch sind die Identifizierung von Risiken und das Erstellen von entsprechenden Maßnahmen.

Zur Vermeidung oder zum Erkennen von möglichen Risiken im internationalen Umfeld sollten daher folgende Punkte thematisiert werden:

- Welche Vertragsdokumente setzen wir ein?

- Welche Art von Qualitätssicherheitsvereinbarung ist mit unseren internationalen Schlüssellieferanten geschlossen worden?

- Wo fahren wir eine Single-Source-Strategie?

- Wie können wir das Währungsrisiko auffangen?

- Welchen Total-Cost-Ansatz fahren wir bei der Neuauswahl von Lieferanten?

- Welche Beschaffungsländer zeigen welche Risiken auf?

- Welche logistischen Maßnahmen sind erforderlich, um die neuen Bezugsquellen in unsere Supply-Chain zu integrieren?

- Welche organisatorischen und personellen Voraussetzungen liegen vor oder müssen geschaffen werden?

Das sind nur einige Fragen, die sich so oder ähnlich jeder Verantwortliche im Internationalen Einkauf stellen sollte und zu denen ein individueller, maßgeschneiderter Antwortenkatalog erstellt werden sollte. Ordentliche, klar aufgebaute (und gegenseitig vereinbarte) internationale Verträge sind wesentlicher Bestandteil eines minimierten Risikos im globalen Einkaufsgeschäft.

2.0 Übersicht über das anwendbare Recht im internationalen Geschäftsverkehr

Im internationalen Einkauf stellt sich häufig die Frage gestellt, welches Recht in dem Land zur Anwendung kommt, in dem ich die neuen Lieferanten ausfindig gemacht habe. Haben wir dort die Möglichkeit der freien Rechtswahl, heißt dies, wir können einen individuellen Vertrag frei verhandeln oder gilt dort ausschließlich das Recht des Erfüllungsortes bzw. das nationale Recht des Landes in dem der Vertrag geschlossen wurde. Nachfolgend eine Übersicht über das anwendbare Recht in den entsprechenden Ländern. Es wird ausdrücklich darauf hingewiesen, dass es sich bei der nachfolgenden Tabelle lediglich um eine ungeprüfte Zusammenfassung der angegebenen Quelle handelt. (Quelle: Wittenstein/Böckl: Ausländisches Wirtschaftsrecht, Erich Schmidt Verlag GmbH & Co., Berlin 2005, Stand Oktober 2010)

2.1 Europa

Land	Das auf Verträge anwendbare Recht in diesem Land
Albanien	Freie Rechtswahl möglich. Mangels Rechtswahl gilt das Recht, das dem Vertragszweck am ehesten gerecht wird. Bei Kaufverträgen ist dies das Recht des Ortes, an dem Verkäufer zur Zeit des Vertragsschlusses seinen Sitz hat.
Belgien	Freie Rechtswahl möglich. Mangels Rechtswahl gilt bei Kaufverträgen das Recht des Landes des Verkäufers.
Bulgarien	Freie Rechtswahl möglich. Mangels Rechtswahl gilt bei Kaufverträgen das Recht des Landes des Verkäufers.
Dänemark	Freie Rechtswahl möglich. Mangels Rechtswahl gilt das Recht des Landes, mit dem der Vertrag die engste Bindung aufweist. Dies ist im Allgemeinen das Recht des Landes des Verkäufers.
Estland	Freie Rechtswahl möglich. Mangels Rechtswahl gilt bei Kaufverträgen das Recht des Landes des Verkäufers.

Finnland	Freie Rechtswahl möglich. Mangels Rechtswahl gilt bei Kaufverträgen das Recht des Landes des Verkäufers.
Frankreich	Freie Rechtswahl möglich. Mangels Rechtswahl gilt bei Kaufverträgen das Recht des Landes des Verkäufers.
Griechenland	Freie Rechtswahl möglich. Mangels Rechtswahl gilt bei Kaufverträgen das Recht des Landes des Verkäufers.
Großbritannien	Freie Rechtswahl möglich. Mangels Rechtswahl gilt bei Kaufverträgen das Recht des Landes des Verkäufers.
Irland	Freie Rechtswahl möglich. Mangels Rechtswahl gilt bei Kaufverträgen das Recht des Landes des Verkäufers.
Italien	Freie Rechtswahl möglich. Mangels Rechtswahl gilt bei Kaufverträgen das Recht des Landes des Verkäufers.
vormals Jugoslawien (Serbien und Montenegro)	Freie Rechtswahl möglich. Mangels Rechtswahl gilt das Recht des Ortes, an dem sich zum Zeitpunkt des Empfangs des Angebots der Sitz des Verkäufers befand.
Kroatien	Freie Rechtswahl möglich. Mangels Rechtswahl gilt das Recht des Ortes, an dem sich zum Zeitpunkt des Empfangs des Angebots der Sitz des Verkäufers befand.
Lettland	Freie Rechtswahl möglich. Mangels Rechtswahl gilt bei Kaufverträgen das Recht des Landes des Verkäufers.
Litauen	Freie Rechtswahl möglich. Mangels Rechtswahl gilt bei Kaufverträgen das Recht des Landes des Verkäufers.
Luxemburg	Freie Rechtswahl möglich. Mangels Rechtswahl gilt bei Kaufverträgen das Recht des Landes des Verkäufers.

Niederlande	Freie Rechtswahl möglich. Mangels Rechtswahl gilt bei Kaufverträgen das Recht des Landes des Verkäufers.
Norwegen	Freie Rechtswahl grundsätzlich möglich. Mangels Rechtswahl gilt bei Kauf- bzw. Werklieferungsverträgen über bewegliche Sachen grundsätzlich das Recht des Verkäufers. Geht die Bestellung bei einer ausländischen Zweigstelle des Verkäufers ein, gilt das Recht des Staates, in dem sich die Zweigstelle befindet. Wird die Bestellung in dem Land aufgegeben, in dem der Käufer seinen Sitz hat, und hat der Verkäufer oder sein Vertreter sie in diesem Land empfangen, so kommt das Recht des Landes, in dem der Käufer seinen Sitz hat, zum Zuge. Als Bestellung wird sowohl das Angebot des Käufers als auch die Annahme eines Angebots, das vom Verkäufer stammt, durch den Käufer angesehen. Bei sonstigen Verträgen gilt grundsätzlich das Recht des Landes, in dem der Vertrag seinen Schwerpunkt hat.
Österreich	Freie Rechtswahl möglich. Mangels Rechtswahl gilt bei Kaufverträgen das Recht des Landes des Verkäufers.
Polen	Freie Rechtswahl möglich. Mangels Rechtswahl gilt bei Kaufverträgen das Recht des Landes des Verkäufers.
Portugal	Freie Rechtswahl möglich. Mangels Rechtswahl gilt bei Kaufverträgen das Recht des Landes des Verkäufers.
Rumänien	Freie Rechtswahl möglich. Mangels Rechtswahl gilt bei Kaufverträgen das Recht des Landes des Verkäufers.
Russland	Freie Rechtswahl möglich. Mangels Rechtswahl gilt das Recht des Landes, in dem die Partei, welche die vertragstypische Leistung erbringt, ihren Sitz hat.
Schweden	Freie Rechtswahl möglich. Mangels Rechtswahl gilt bei Kaufverträgen das Recht des Landes des Verkäufers.
Schweiz	Freie Rechtswahl möglich. Mangels Rechtswahl gilt das Recht des Staates, mit dem der Vertrag den engsten Zusammenhang aufweist. Dabei wird vermutet, dass der

	engste Zusammenhang mit dem Staat besteht, in dem die Partei, die die charakteristische Leistung erbringen soll, ihren gewöhnlichen Aufenthalt hat oder in dem sich ihre Niederlassung befindet. Bei Veräußerungsverträgen gilt die Leistung des Veräußerers als charakteristisch, bei Dienstleistungen die Dienstleistung.
Serbien	Freie Rechtswahl möglich. Mangels Rechtswahl gilt das Recht des Ortes, an dem sich zum Zeitpunkt des Empfangs des Angebots der Sitz des Verkäufers befand.
Slowakische Republik	Freie Rechtswahl möglich. Mangels Rechtswahl gilt bei Kaufverträgen das Recht des Landes des Verkäufers.
Slowenien	Freie Rechtswahl möglich. Mangels Rechtswahl gilt bei Kaufverträgen das Recht des Landes des Verkäufers.
Spanien	Freie Rechtswahl möglich. Mangels Rechtswahl gilt bei Kaufverträgen das Recht des Landes des Verkäufers.
Tschechische Republik	Freie Rechtswahl möglich. Mangels Rechtswahl gilt bei Kaufverträgen das Recht des Landes des Verkäufers.
Türkei	Freie Rechtswahl möglich. Mangels Rechtswahl gilt das Recht des Landes, zu dem der Vertrag die engsten Beziehungen hat. Die engsten Beziehungen bestehen zu dem Recht des gewöhnlichen Aufenthalts des Schuldners, der die charakteristische Leistung zu erbringen hat.
Ukraine	Freie Rechtswahl möglich. Liegt keine Rechtswahl vor, so gilt das Recht des Landes, zu dem der Vertrag die engste Beziehung aufweist.
Ungarn	Freie Rechtswahl möglich. Mangels Rechtswahl gilt bei Kaufverträgen das Recht des Landes des Verkäufers.

2.2   Lateinamerika

Land	Das auf Verträge anwendbare Recht in diesem Land
Argentinien	Freie Rechtswahl möglich. Mangels Rechtswahl gilt das Recht des Erfüllungsortes.
Bolivien	Freie Rechtswahl möglich. Mangels Rechtswahl ist das Recht des Abschlussortes maßgebend; z. T. wird auch das Recht des Erfüllungsortes herangezogen.
Brasilien	In der Praxis werden Vereinbarungen über das anwendbare Recht nicht beachtet. Mangels Rechtswahl gilt das Recht des Abschlussortes des Vertrags.
Chile	Keine Rechtswahl möglich. Es gilt das Recht des Erfüllungsortes.
Ecuador	Ob die Parteien frei vereinbaren können, welches Recht auf ihre vertraglichen Beziehungen anzuwenden ist, ist fraglich. Mangels Rechtswahl gilt das Recht des Erfüllungsortes.
Kolumbien	Freie Rechtswahl möglich. Mangels Rechtswahl gilt das Recht des Erfüllungsortes.
Mexiko	Freie Rechtswahl möglich. Mangels Rechtswahl gilt das Recht des Erfüllungsortes.
Paraguay	Freie Rechtswahl scheinbar möglich. Mangels Rechtswahl soll das Recht des Erfüllungsortes gelten.
Peru	Freie Rechtswahl möglich (Ausnahme: bei Technologieverträgen). Mangels Rechtswahl gilt das Recht des Abschlussortes.

Uruguay	Freie Rechtswahl möglich. Mangels Rechtswahl gilt das Recht des Abschlussortes.
Venezuela	Freie Rechtswahl möglich. Mangels Rechtswahl gilt das Recht des Landes, mit dem die vertraglichen Verpflichtungen am unmittelbarsten verknüpft sind.

2.3 Nordamerika

Land	Das auf Verträge anwendbare Recht in diesem Land
Kanada	Freie Rechtswahl möglich. Englischer Rechtskreis: Mangels Rechtswahl soll das Recht gelten, zu dem der Vertrag die engsten Beziehungen hat; dabei spielt der Erfüllungsort eine wesentliche Rolle. Französischer Rechtskreis: Mangels Rechtswahl ist der mutmaßliche Parteiwille maßgebend, d.h. das Recht wird herangezogen, das sich aus der Natur des Vertrags und den sonstigen Umständen ergibt. Lässt sich ein mutmaßlicher Parteiwille nicht feststellen, so soll das Recht, das am Ort des Vertragsschlusses gilt, zum Zuge kommen.
USA	Freie Rechtswahl möglich, sofern zwischen Vertrag und gewähltem Recht ein vernünftiger Zusammenhang besteht. Praktisch schließt dies die Wahl eines neutralen Rechts aus. Mangels Rechtswahl gilt das Recht des Ortes, zu dem eine angemessene bzw. die wichtigste Beziehung besteht. Bei der Ermittlung dieses Ortes wird dem Ort, an dem der Vertrag verhandelt worden ist, und dem Erfüllungsort besondere Bedeutung gegeben.

2.4   Naher Osten

Land	Das auf Verträge anwendbare Recht in diesem Land
Israel	Freie Rechtswahl möglich. Mangels Rechtswahl gilt das Recht, zu dem der Vertrag die engsten Beziehungen aufweist.
Saudi-Arabien	Der Grundsatz der freien Rechtswahl wird nicht anerkannt. Jeder Vertrag mit Verbindung zu Saudi-Arabien unterliegt saudi-arabischem Recht.

2.5   Asien

Land	Das auf Verträge anwendbare Recht in diesem Land
Indien	Freie Rechtswahl möglich. Mangels Rechtswahl gilt das Recht, zu dem das betreffende Rechtsverhältnis die meisten Berührungspunkte aufweist.
Iran	Es besteht die Möglichkeit, Vereinbarungen über das auf vertragliche Beziehungen anwendbare Recht zu treffen, wenn der Vertragsschluss im Iran erfolgt ist. Dies gilt nicht für Verträge mit iranischen Staatsunternehmen.
Japan	Freie Rechtswahl möglich. Mangels Rechtswahl gilt das Recht des Ortes, wo die charakteristische Leistung erbracht wird.
Korea (Süd)	Freie Rechtswahl möglich. Mangels Rechtswahl gilt bei Veräußerungsverträgen das Recht des Veräußerers.
Malaysia	Freie Rechtswahl möglich. Mangels Rechtswahl werden die Grundsätze des englischen internationalen Privatrechts herangezogen. Danach wird das Recht zur Anwendung kommen, zu dem der Vertrag die engsten Beziehungen aufweist.
Myanmar (Burma)	Es ist ungewiss, ob die Parteien vereinbaren können, welches Recht auf ihre vertraglichen Beziehungen zur Anwendung kommen soll. Im Zweifel wird stets auf das Recht Myanmars zurückgegriffen.
Vietnam	Freie Rechtswahl scheinbar möglich.
Volksrepublik China	Freie Rechtswahl möglich. Mangels Rechtswahl gilt bei Kaufverträgen das Recht des Landes des Verkäufers.

2.6 Afrika

Land	Das auf Verträge anwendbare Recht in diesem Land
Ägypten	Freie Rechtswahl möglich. Mangels Rechtswahl ist das Recht maßgebend, das am Ort des Vertragsschlusses gilt.
Äthiopien	Freie Rechtswahl möglich. Mangels Rechtswahl ist das Recht maßgebend, das am Ort des Vertragsschlusses gilt.
Algerien	Freie Rechtswahl möglich, sofern das gewählte Recht eine Verbindung zu den Vertragsparteien oder zu dem Vertrag aufweist. Mangels Rechtswahl gilt das Recht des Landes, in dem der Vertrag abgeschlossen worden ist.
Südafrika	Freie Rechtswahl möglich. Mangels Rechtswahl gilt das Recht des Erfüllungsortes. Auch das Recht, das am Schwerpunkt des Vertrags gilt, spielt als Anknüpfungspunkt zunehmend eine Rolle.
Tunesien	Freie Rechtswahl möglich. Mangels Rechtswahl gilt das Recht des Vertragspartners, der die charakteristische Leistung erbringt.

2.7 Australien

Freie Rechtswahl möglich. Notwendig scheint jedoch zu sein, dass das gewählte Recht eine bestimmte Beziehung zu dem Vertrag aufweist. Mangels Rechtswahl gilt das Recht, das die engsten Beziehungen zu dem Vertrag aufweist.

3.0   Das UN-Kaufrecht

Sofern bei einem Kaufvertrag aufgrund des deutschen oder internationalen Privatrechts deutsches Recht zur Anwendung kommt, unterliegt der Kaufvertrag dem UN-Kaufrecht. Es sei denn, die Parteien haben *ausdrücklich vereinbart*, dass das UN-Kaufrecht ausgeschlossen werden soll. Dieser Automatismus erklärt sich aus dem Umstand, *dass UN-Kaufrecht seit dem 1.1.1991 geltendes deutsches Recht ist.*

3.1   Einführung in das UN-Kaufrecht

Da das UN-Kaufrecht von Einkäufern erfahrungsgemäß selten ausgeschlossen wird und es wesentliche Teile des BGB und HGB als Spezialgesetz verdrängt, ist eine gute Kenntnis des UN-Kaufrechts für den international tätigen Einkäufer unverzichtbare Voraussetzung für kaufmännische Erfolge.

3.2   Übersicht über das UN-Kaufrecht

Das UN-Kaufrecht *regelt* im Wesentlichen

- Angebot und Abschluss des Vertrags
- Leistungspflichten des Verkäufers und des Käufers
- Gefahrübergang
- Leistungsstörungen
- Erfüllungsort.

Nicht geregelt sind hingegen u.a.

- der Abschluss des Vertrags durch Vertreter
- Eigentumsvorbehalt und andere Sicherungsrechte
- Vertragsdauer und Vertragsverlängerung
- Vertragsstrafe
- Rücktritt und Kündigung
- Exportgenehmigung
- Verpackung
- Aufstellung und Montage
- Abtretung von Ansprüchen.

Ausdrücklich ausgenommen wurden Rechtsfragen bezüglich

- der Gültigkeit des Vertrags soweit dies nicht im UN-Kaufrecht selbst geregelt ist (Vertragsabschluss und Form), Art. 4 a
- der Gültigkeit von Gebräuchen, Art. 4 a
- dingliche Rechtsfragen, Art. 4 b
- die Haftung des Verkäufers für den durch die Ware verursachten Tod oder die Körperverletzung einer Person, Art. 5.

Soweit im UN-Kaufrecht Gegenstände nicht oder nicht ausdrücklich geregelt sind, sind diese Gegenstände zunächst anhand der Grundsätze, die dem UN-Kaufrecht zugrunde liegen, zu entscheiden. Erst wenn auch solche Grundsätze keine Entscheidungshilfe bieten, kommt das nationale Recht zur Anwendung, welches dem Vertrag aufgrund ausdrücklicher Vereinbarung oder aufgrund der Regeln des internationalen Privatrechts zugrunde liegt, Art. 7 Abs. 2.

3.3 Besonderheiten des UN-Kaufrechts

Im Vergleich mit dem deutschen Recht weist das UN-Kaufrecht beim Vertragsabschluss insbesondere in folgenden Punkten Unterschiede zum deutschen Recht auf:

- bei der Wirksamkeit des Angebots
- beim Zugang von Willenserklärungen
- bei der Verbindlichkeit des Angebots
- bei der Einbeziehung von Allgemeinen Geschäftsbedingungen
- bei der Lösung des Problems sich kreuzender Allgemeiner Geschäftsbedingungen
- beim kaufmännischen Bestätigungsschreiben.

a) Das UN-Kaufrecht regelt in Art. 14 ff. den Vertragsabschluss und verdrängt damit die Regelungen des unvereinheitlichten nationalen Rechts.

Wie im deutschen Recht kommt nach dem UN-Kaufrecht ein Vertrag durch zwei übereinstimmende Willenserklärungen zustande. Im Gegensatz zum deutschen Recht ist der Begriff des Angebots jedoch ausdrücklich definiert. Aufgrund von Art. 14 liegt ein Angebot nur dann vor, wenn

- das Angebot hinsichtlich des Adressaten und des Inhalts bestimmt genug ist und

- der Anbietende seinen Bindungswillen zum Ausdruck bringt.

Nach Art. 14 Abs. 1 S. 2 ist ein Angebot nur dann genug bestimmt, wenn es die Ware bezeichnet und ausdrücklich oder stillschweigend die Menge und den Preis festsetzt bzw. deren Festsetzung ermöglicht. Insbesondere bei langwierigen Verhandlungen sollte deshalb darauf geachtet werden, dass am Schluss der Verhandlung nochmals eine Festlegung bezüglich des Preises erfolgt. Wurde nämlich nur zu Anfang der Verhandlungen über den Preis gesprochen, und verpflichtet sich der Lieferant am Ende der Verhandlungen möglicherweise dazu, eine andere Ware zu liefern als die ursprünglich ins Auge gefasste, so kann es sein, dass im Sinne des UN-Kaufrechts keine Vereinbarung über den Preis getroffen wurde und deshalb kein Vertrag zustande gekommen ist.

b) Entsprechend dem deutschen Recht wird ein Angebot erst mit Zugang wirksam. Für den Zugang des Angebots ist es jedoch nicht unbedingt erforderlich, dass der Empfänger die Möglichkeit der Kenntnisnahme hatte. Vielmehr genügt es, wenn die Erklärung in den Verfügungsbereich des Empfängers gelangt.

c) Im Gegensatz zum deutschen Recht ist ein Angebot nach dem UN-Kaufrecht bis zur *Absendung* der Annahmeerklärung widerruflich (Art. 16 Abs. 1). Es sei denn, das Angebot ist unwiderruflich (Art. 16 Abs. 2). Diesbezüglich ist zu beachten, dass die Formulierung *dieses Angebot gilt bis zum 15.10.1998* nicht bedeutet, dass es unwiderruflich ist.

d) Im Gegensatz zum deutschen Recht werden Allgemeine Geschäftsbedingungen grundsätzlich nur dann Teil des Angebots, wenn sie dem Anbietenden tatsächlich vorlagen (LG Aachen, Zeitschrift für das Recht des internationalen Warenkaufs und -vertriebs 2011, 82 ff.). Ein bloßer Hinweis auf die eigenen Allgemeinen Geschäftsbedingungen im Angebot reicht nicht aus, sie zum Bestandteil des Angebots werden zu lassen! (OLG Jena, Zeitschrift für das Recht des internationalen Warenkaufs und -vertriebs 2011, 79 ff.; OLG Celle, Zeitschrift für das Recht des internationalen Warenkaufs und -vertriebs 2010, 81 ff.). Selbst die Veröffentlichung der AGB auf einer Internetseite genügt nicht (OLG Celle, Zeitschrift für das Recht des internationalen Warenkaufs und -vertriebs 2010, 81 ff.). Den Verwender von Allgemeinen Geschäftsbedingungen trifft insofern eine *Kenntnisverschaffungspflicht*.

e) Eine besondere Problematik taucht auf, wenn beide Vertragspartner eigene Allgemeine Geschäftsbedingungen verwenden, die denen des Vertragspartners widersprechen. Während in diesem Fall nach dem deutschen Recht in der Regel die widersprechenden Allgemeinen Geschäftsbedingungen durch die gesetzliche Regelung ersetzt werden und nur die übereinstimmenden Regelungen und die Regelungen, die zugunsten eines Vertragspartners sind, Vertragsbestandteil werden, besteht im UN-Kaufrecht die Gefahr, dass ein Gericht die Theorie des letzten Wortes anwendet. Dies könnte zur Folge haben, dass die zuletzt übersandten Allgemeinen Geschäftsbedingungen eine Ablehnung des vorangegangenen Angebots verbunden mit einem Gegenangebot darstellen würden. Nimmt der Vertragspartner dieses Gegenangebot innerhalb einer angemessenen Zeit ohne Änderungen, Einschränkungen oder sonstige Ergänzungen an, haben sich ausschließlich die zuletzt übersandten Allgemeinen Geschäftsbedingungen durchgesetzt. Wird das Gegenangebot jedoch nicht innerhalb einer angemessenen Frist angenommen, erlischt es. Dies kann dazu führen, dass trotz erfolgter Warenlieferung letztlich kein Vertrag zustande kommt (Kantonsgericht St. Gallen, CISG-online Nr. 2159; United States District Court, Maryland, CISG-online Nr. 2177; United States District Court, M.D. Alabama, CISG-online Nr. 2092).

f) Aufgrund von Art. 18 Abs. 1 Satz 2 stellt Schweigen oder Untätigkeit keine Annahme eines Angebots dar. Dies hat in Bezug auf das kaufmännische Bestätigungsschreiben zur Folge, dass das Schweigen des Empfängers nicht dazu führt, dass der Inhalt des kaufmännischen Bestätigungsschreibens als Vertragsgrundlage gilt. Vielmehr muss der Absender eines kaufmännischen Bestätigungsschreibens in vollem Umfang beweisen, dass der Vertrag mit dem im Bestätigungsschreiben dargestellten Umfang abgeschlossen wurde. Die deutsche Rechtsprechung, wonach der Empfänger eines kaufmännischen Bestätigungsschreibens sich ohne ausdrücklich erklärten Widerspruch nicht darauf berufen kann, dass das Bestätigungsschreiben nicht richtig ist, kann aufgrund von Art. 9 nur dann Anwendung finden, wenn der Absender beweisen kann, dass es zwischen ihm und dem Vertragspartner einen entsprechenden Handelsbrauch gab. Dies ist im internationalen Geschäft jedoch kaum möglich.

3.4 Auszüge aus dem UN-Kaufrecht

Nachfolgend das UN-Kaufrecht im Original (die wesentlichen Artikel):

Art. 1 [Anwendungsbereich]

(1) Dieses Übereinkommen ist auf Kaufverträge über Waren zwischen Parteien anzuwenden, die ihre Niederlassung in verschiedenen Staaten haben,

    a. wenn diese Staaten Vertragsstaaten sind

    oder

    b. wenn die Regeln des internationalen Privatrechts zur Anwendung des Rechts eines Vertragsstaats führen.

(2) Die Tatsache, dass die Parteien ihre Niederlassung in verschiedenen Staaten haben, wird nicht berücksichtigt, wenn sie sich nicht aus dem Vertrag, aus früheren Geschäftsbeziehungen oder aus Verhandlungen oder Auskünften ergibt, die vor oder bei Vertragsabschluss zwischen den Parteien geführt oder von ihnen erteilt worden sind.

(3) Bei Anwendung dieses Übereinkommens wird weder berücksichtigt, welche Staatsangehörigkeit die Parteien haben, noch ob sie Kaufleute oder Nichtkaufleute sind oder ob der Vertrag handelsrechtlicher oder bürgerlich-rechtlicher Art ist.

Art. 2 [Anwendungsausschlüsse]

Dieses Übereinkommen findet keine Anwendung auf den Kauf

    a. von Waren für den persönlichen Gebrauch oder den Gebrauch in der Familie oder im Haushalt, es sei denn, dass der Verkäufer vor oder bei Vertragsabschluss weder wusste noch wissen musste, dass die Ware für einen solchen Gebrauch gekauft wurde,

    b. bei Versteigerungen,

    c. aufgrund von Zwangsvollstreckungs- oder anderen gerichtlichen Maßnahmen,

    d. von Wertpapieren oder Zahlungsmitteln,

e. von Seeschiffen, Binnenschiffen, Luftkissenfahrzeugen oder Luftfahrzeugen,

f. von elektrischer Energie.

Art. 3 [Verträge über herzustellende Waren oder Dienstleistungen]

(1) Den Kaufverträgen stehen Verträge über die Lieferung herzustellender oder zu erzeugender Ware gleich, es sei denn, dass der Besteller einen wesentlichen Teil der für die Herstellung oder Erzeugung notwendigen Stoffe selbst zur Verfügung zu stellen hat.

(2) Dieses Übereinkommen ist auf Verträge nicht anzuwenden, bei denen der überwiegende Teil der Pflichten der Partei, welche die Ware liefert, in der Ausführung von Arbeiten oder anderen Dienstleistungen besteht.

Art. 6 [Ausschluss, Abweichung oder Änderung durch Parteiabrede]

Die Parteien können die Anwendung dieses Übereinkommens ausschließen oder, vorbehaltlich des Artikels 12, von seinen Bestimmungen abweichen oder deren Wirkung ändern.

Art. 9 [Handelsbräuche und Gepflogenheiten]

(1) Die Parteien sind an die Gebräuche, mit denen sie sich einverstanden erklärt haben, und an die Gepflogenheiten gebunden, die zwischen ihnen entstanden sind.

(2) Haben die Parteien nichts anderes vereinbart, so wird angenommen, dass sie sich in ihrem Vertrag oder bei seinem Abschluss stillschweigend auf Gebräuche bezogen haben, die sie kannten oder kennen mussten und die im internationalen Handel den Parteien von Verträgen dieser Art in dem betreffenden Geschäftszweig weithin bekannt sind und von ihnen regelmäßig beachtet werden.

Art. 12 [Wirkungen eines Vorbehalts hinsichtlich der Formfreiheit]

Die Bestimmungen der Artikel 11 und 29 oder des Teils 11 dieses Übereinkommens, die für den Abschluss eines Kaufvertrags, seine Änderung oder Aufhebung durch Vereinbarung oder für ein Angebot, eine Annahme oder eine sonstige Willenserklärung eine andere als die schriftliche Form gestatten, gelten nicht, wenn eine Partei ihre Niederlassung in einem Vertragsstaat hat, der eine Erklärung nach Artikel 96 abgegeben hat. Die Parteien dürfen von dem vorliegenden Artikel weder abweichen noch seine Wirkung ändern.

Art. 14 [Begriff des Angebots]

(1) Der an eine oder mehrere bestimmte Personen gerichtete Vorschlag zum Abschluss eines Vertrags stellt ein Angebot dar, wenn er bestimmt genug ist und den Willen des Anbietenden zum Ausdruck bringt, im Falle der Annahme gebunden zu sein. Ein Vorschlag ist bestimmt genug, wenn er die Ware bezeichnet und ausdrücklich oder stillschweigend die Menge und den Preis festsetzt oder deren Festsetzung ermöglicht.

(2) Ein Vorschlag, der nicht an eine oder mehrere bestimmte Personen gerichtet ist, gilt nur als Aufforderung, ein Angebot abzugeben, wenn nicht die Person, die den Vorschlag macht, das Gegenteil deutlich zum Ausdruck bringt.

Art. 15 [Wirksamwerden des Angebots; Rücknahme]

(1) Ein Angebot wird wirksam, sobald es dem Empfänger zugeht.

(2) Ein Angebot kann, selbst wenn es unwiderruflich ist, zurückgenommen werden, wenn die Rücknahmeerklärung dem Empfänger vor oder gleichzeitig mit dem Angebot zugeht.

Art. 16 [Widerruf des Angebots]

(1) Bis zum Abschluss des Vertrags kann ein Angebot widerrufen werden, wenn der Widerruf dem Empfänger zugeht, bevor dieser eine Annahmeerklärung abgesandt hat.

(2) Ein Angebot kann jedoch nicht widerrufen werden,

    a.   wenn es durch Bestimmung einer festen Frist zur Annahme oder auf andere Weise zum Ausdruck bringt, dass es unwiderruflich ist,

oder

    b.   wenn der Empfänger vernünftigerweise darauf vertrauen konnte, dass das Angebot unwiderruflich ist, und er im Vertrauen auf das Angebot gehandelt hat.

Art. 17 [Erlöschen des Angebots]

Ein Angebot erlischt, selbst wenn es unwiderruflich ist, sobald dem Anbietenden eine Ablehnung zugeht.

Art. 18 [Begriff der Annahme]

(1) Eine Erklärung oder ein sonstiges Verhalten des Empfängers, das eine Zustimmung zum Angebot ausdrückt, stellt eine Annahme dar. Schweigen oder Untätigkeit allein stellen keine Annahme dar.

(2) Die Annahme eines Angebots wird wirksam, sobald die Äußerung der Zustimmung dem Anbietenden zugeht. Sie wird nicht wirksam, wenn die Äußerung der Zustimmung dem Anbietenden nicht innerhalb der von ihm gesetzten Frist oder, bei Fehlen einer solchen Frist, innerhalb einer angemessenen Frist zugeht; dabei sind die Umstände des Geschäfts einschließlich der Schnelligkeit der vom Anbietenden gewählten Übermittlungsart zu berücksichtigen. Ein mündliches Angebot muss sofort angenommen werden, wenn sich aus den Umständen nichts anderes ergibt.

(3) Äußert jedoch der Empfänger aufgrund des Angebots, der zwischen den Parteien entstandenen Gepflogenheiten oder der Gebräuche seine Zustimmung dadurch, dass er eine Handlung vornimmt, die sich zum Beispiel auf die Absendung der Ware oder die Zahlung des Preises bezieht, ohne den Anbietenden davon zu unterrichten, so ist die Annahme zum Zeitpunkt der Handlung wirksam, sofern diese innerhalb der in Absatz 2 vorgeschriebenen Frist vorgenommen wird.

Art. 19 [Ergänzungen, Einschränkungen und sonstige Änderungen zum Angebot]

(1) Eine Antwort auf ein Angebot, die eine Annahme darstellen soll, aber Ergänzungen, Einschränkungen oder sonstige Änderungen enthält, ist eine Ablehnung des Angebots und stellt ein Gegenangebot dar.

(2) Eine Antwort auf ein Angebot, die eine Annahme darstellen soll, aber Ergänzungen oder Abweichungen enthält, welche die Bedingungen des Angebots nicht wesentlich ändern, stellt jedoch eine Annahme dar,

wenn der Anbietende das Fehlen der Übereinstimmung nicht unverzüglich mündlich beanstandet oder eine entsprechende Mitteilung absendet. Unterlässt er dies, so bilden die Bedingungen des Angebots mit den in der Annahme enthaltenen Änderungen den Vertragsinhalt.

(3) Ergänzungen oder Abweichungen, die sich insbesondere auf Preis, Bezahlung, Qualität und Menge der Ware, auf Ort und Zeit der Lieferung, auf den Umfang der Haftung der einen Partei gegenüber der anderen oder auf die Beilegung von Streitigkeiten beziehen, werden so angesehen, als änderten sie die Bedingungen des Angebots wesentlich.

Art. 20 [Annahmefrist]

(1) Eine vom Anbietenden in einem Telegramm oder einem Brief gesetzte Annahmefrist beginnt mit Aufgabe des Telegramms oder mit dem im Brief angegebenen Datum oder, wenn kein Datum angegeben ist, mit dem auf dem Umschlag angegebenen Datum zu laufen. Eine vom Anbietenden telefonisch, durch Fernschreiben oder eine andere sofortige Übermittlungsart gesetzte Annahmefrist beginnt zu laufen, sobald das Angebot dem Empfänger zugeht.

(2) Gesetzliche Feiertage oder arbeitsfreie Tage, die in die Laufzeit der Annahmefrist fallen, werden bei der Fristberechnung mitgezählt. Kann jedoch die Mitteilung der Annahme am letzten Tag der Frist nicht an die Anschrift des Anbietenden zugestellt werden, weil dieser Tag am Ort der Niederlassung des Anbietenden auf einen gesetzlichen Feiertag oder arbeitsfreien Tag fällt, so verlängert sich die Frist bis zum ersten darauf folgenden Arbeitstag.

Art. 21 [Verspätete Annahme]

(1) Eine verspätete Annahme ist dennoch als Annahme wirksam, wenn der Anbietende unverzüglich den Annehmenden in diesem Sinne mündlich unterrichtet oder eine entsprechende schriftliche Mitteilung absendet.

(2) Ergibt sich aus dem eine verspätete Annahme enthaltenden Brief oder anderen Schriftstück, dass die Mitteilung nach den Umständen, unter denen sie abgesandt worden ist, bei normaler Beförderung dem Anbietenden rechtzeitig zugegangen wäre, so ist die verspätete Annahme als Annahme wirksam, wenn der Anbietende nicht unverzüglich den Annehmenden mündlich davon unterrichtet, dass er sein Angebot als

erloschen betrachtet, oder eine entsprechende schriftliche Mitteilung absendet.

Art. 22 [Rücknahme der Annahme]

Eine Annahme kann zurückgenommen werden, wenn die Rücknahmeerklärung dem Anbietenden vor oder in dem Zeitpunkt zugeht, in dem die Annahme wirksam geworden wäre.

Art. 23 [Zeitpunkt des Vertragsschlusses]

Ein Vertrag ist zu dem Zeitpunkt geschlossen, zu dem die Annahme eines Angebots nach diesem Übereinkommen wirksam wird.

Art. 24 [Begriff des Zugangs]

Für die Zwecke dieses Teils des Übereinkommens geht ein Angebot, eine Annahmeerklärung oder sonstige Willenserklärung dem Empfänger zu, wenn sie ihm mündlich gemacht wird oder wenn sie auf anderem Weg ihm persönlich, an seiner Niederlassung oder Postanschrift oder, wenn diese fehlen, an seinem gewöhnlichen Aufenthaltsort zugestellt wird.

Art. 25 [Wesentliche Vertragsverletzung]

Eine von einer Partei begangene Vertragsverletzung ist wesentlich, wenn sie für die andere Partei solchen Nachteil zur Folge hat, dass ihr im Wesentlichen entgeht, was sie nach dem Vertrag hätte erwarten dürfen, es sei denn, dass die vertragsbrüchige Partei diese Folge nicht vorausgesehen hat und eine vernünftige Person der gleichen Art diese Folge unter den gleichen Umständen auch nicht vorausgesehen hätte.

Art. 35 [Vertragsmäßigkeit der Ware]

(1) Der Verkäufer hat Ware zu liefern, die in Menge, Qualität und Art sowie hinsichtlich Verpackung oder Behältnis den Anforderungen des Vertrags entspricht.

(2) Haben die Parteien nichts anderes vereinbart, so entspricht die Ware dem Vertrag nur,

   a. wenn sie sich für die Zwecke eignet, für die Ware der gleichen Art gewöhnlich gebraucht wird;

b. wenn sie sich für einen bestimmten Zweck eignet, der dem Verkäufer bei Vertragsabschluss ausdrücklich oder auf andere Weise zur Kenntnis gebracht wurde, sofern sich nicht aus den Umständen ergibt, dass der Käufer auf die Sachkenntnis und das Urteilsvermögen des Verkäufers nicht vertraute oder vernünftigerweise nicht vertrauen konnte;

c. wenn sie die Eigenschaften einer Ware besitzt, die der Verkäufer dem Käufer als Probe oder Muster vorgelegt hat;

d. wenn sie in der für Ware dieser Art üblichen Weise oder, falls es eine solche Weise nicht gibt, in einer für die Erhaltung und den Schutz der Ware angemessenen Weise verpackt ist.

(3) Der Verkäufer haftet nach Absatz 2 Buchstaben a bis d nicht für eine Vertragswidrigkeit der Ware, wenn der Käufer bei Vertragsabschluss diese Vertragswidrigkeit kannte oder darüber nicht in Unkenntnis sein konnte.

Art. 38 [Untersuchung der Ware]

(1) Der Käufer hat die Ware innerhalb einer so kurzen Frist zu untersuchen oder untersuchen zu lassen, wie es die Umstände erlauben.

(2) Erfordert der Vertrag eine Beförderung der Ware, so kann die Untersuchung bis nach dem Eintreffen der Ware am Bestimmungsort aufgeschoben werden.

(3) Wird die Ware vom Käufer umgeleitet oder von ihm weiterversandt, ohne dass er ausreichend Gelegenheit hatte, sie zu untersuchen, und kannte der Verkäufer bei Vertragsabschluss die Möglichkeit einer solchen Umleitung oder Weiterversendung oder musste er sie kennen, so kann die Untersuchung bis nach dem Eintreffen der Ware an ihrem neuen Bestimmungsort aufgeschoben werden.

Art. 39 [Mängelrüge]

(1) Der Käufer verliert das Recht, sich auf eine Vertragswidrigkeit der Ware zu berufen, wenn er sie dem Verkäufer nicht innerhalb einer angemessenen Frist nach dem Zeitpunkt, in dem er sie festgestellt hat oder hätte feststellen müssen, anzeigt und dabei die Art der Vertragswidrigkeit genau bezeichnet.

(2) Der Käufer verliert in jedem Fall das Recht, sich auf die Vertragswidrigkeit der Ware zu berufen, wenn er sie nicht spätestens innerhalb von zwei Jahren, nachdem ihm die Ware tatsächlich übergeben worden ist, dem Verkäufer anzeigt, es sei denn, dass diese Frist mit einer vertraglichen Garantiefrist unvereinbar ist.

Art. 45 [Rechtsbehelfe des Käufers; keine zusätzliche Frist]

(1) Erfüllt der Verkäufer eine seiner Pflichten nach dem Vertrag oder diesem Übereinkommen nicht, so kann der Käufer

    a. die in Artikel 46 bis 52 vorgesehenen Rechte ausüben;

    b. Schadensersatz nach Artikel 74 bis 77 verlangen.

(2) Der Käufer verliert das Recht, Schadensersatz zu verlangen, nicht dadurch, dass er andere Rechtsbehelfe ausübt.

(3) Übt der Käufer einen Rechtsbehelf wegen Vertragsverletzung aus, so darf ein Gericht oder Schiedsgericht dem Verkäufer keine zusätzliche Frist gewähren.

Art. 46 [Recht des Käufers auf Erfüllung oder Nacherfüllung]

(1) Der Käufer kann vom Verkäufer Erfüllung seiner Pflichten verlangen, es sei denn, dass der Käufer einen Rechtsbehelf ausgeübt hat, der mit diesem Verlangen unvereinbar ist.

(2) Ist die Ware nicht vertragsgemäß, so kann der Käufer Ersatzlieferung nur verlangen, wenn die Vertragswidrigkeit eine wesentliche Vertragsverletzung darstellt und die Ersatzlieferung entweder zusammen mit einer Anzeige nach Artikel 39 oder innerhalb einer angemessenen Frist danach verlangt wird.

(3) Ist die Ware nicht vertragsgemäß, so kann der Käufer den Verkäufer auffordern, die Vertragswidrigkeit durch Nachbesserung zu beheben, es sei denn, dass dies unter Berücksichtigung aller Umstände unzumutbar ist. Nachbesserung muss entweder zusammen mit einer Anzeige nach Artikel 39 oder innerhalb einer angemessenen Frist danach verlangt werden.

Art. 47 [Nachfrist]

(1) Der Käufer kann dem Verkäufer eine angemessene Nachfrist zur Erfüllung seiner Pflichten setzen.

(2) Der Käufer kann vor Ablauf dieser Frist keinen Rechtsbehelf wegen Vertragsverletzung ausüben, außer wenn er vom Verkäufer die Anzeige erhalten hat, dass dieser seine Pflichten nicht innerhalb der so gesetzten Frist erfüllen wird. Der Käufer behält jedoch das Recht, Schadensersatz wegen verspäteter Erfüllung zu verlangen.

Art. 48 [Recht des Verkäufers zur Nacherfüllung]

(1) Vorbehaltlich des Artikels 49 kann der Verkäufer einen Mangel in der Erfüllung seiner Pflichten auch nach dem Liefertermin auf eigene Kosten beheben, wenn dies keine unzumutbare Verzögerung nach sich zieht und dem Käufer weder unzumutbare Unannehmlichkeiten noch Ungewissheit über die Erstattung seiner Auslagen durch den Verkäufer verursacht. Der Käufer behält jedoch das Recht, Schadensersatz nach diesem Übereinkommen zu verlangen.

(2) Fordert der Verkäufer den Käufer auf, ihm mitzuteilen, ob er die Erfüllung annehmen will, und entspricht der Käufer der Aufforderung nicht innerhalb einer angemessenen Frist, so kann der Verkäufer innerhalb der in seiner Aufforderung angegebenen Frist erfüllen. Der Käufer kann vor Ablauf dieser Frist keinen Rechtsbehelf ausüben, der mit der Erfüllung durch den Verkäufer unvereinbar ist.

(3) Zeigt der Verkäufer dem Käufer an, dass er innerhalb einer bestimmten Frist erfüllen wird, so wird vermutet, dass die Anzeige eine Aufforderung an den Käufer nach Absatz 2 enthält, seine Entscheidung mitzuteilen.

(4) Eine Aufforderung oder Anzeige des Verkäufers nach Absatz 2 oder 3 ist nur wirksam, wenn der Käufer sie erhalten hat.

Art. 49 [Vertragsaufhebung]

(1) Der Käufer kann die Aufhebung des Vertrags erklären,

    a. wenn die Nichterfüllung einer dem Verkäufer nach dem Vertrag oder diesem Übereinkommen obliegenden Pflicht eine wesentliche Vertragsverletzung darstellt oder

b. wenn im Falle der Nichtlieferung der Verkäufer die Ware nicht innerhalb der vom Käufer nach Artikel 47 Absatz 1 gesetzten Nachfrist liefert oder wenn er erklärt, dass er nicht innerhalb der so gesetzten Frist liefern wird.

(2) Hat der Verkäufer die Ware geliefert, so verliert jedoch der Käufer sein Recht die Aufhebung des Vertrags zu erklären, wenn er

a. im Falle der verspäteten Lieferung die Aufhebung nicht innerhalb einer angemessenen Frist erklärt, nachdem er erfahren hat, dass die Lieferung erfolgt ist, oder

b. im Falle einer anderen Vertragsverletzung als verspäteter Lieferung die Aufhebung nicht innerhalb einer angemessenen Frist erklärt,

i) nachdem er die Vertragsverletzung kannte oder kennen musste,

ii) nachdem eine vom Käufer nach Artikel 47 Absatz 1 gesetzte Nachfrist abgelaufen ist oder nachdem der Verkäufer erklärt hat, dass er seine Pflichten nicht innerhalb der Nachfrist erfüllen wird, oder

iii) nachdem eine vom Verkäufer nach Artikel 48 Absatz 2 gesetzte Frist abgelaufen ist oder nachdem der Käufer erklärt hat, dass er die Erfüllung nicht annehmen wird.

Art. 50 [Minderung]

Ist die Ware nicht vertragsgemäß, so kann der Käufer unabhängig davon, ob der Kaufpreis bereits gezahlt worden ist oder nicht, den Preis in dem Verhältnis herabsetzen, in dem der Wert, den die tatsächlich gelieferte Ware zum Zeitpunkt der Lieferung hatte, zu dem Wert steht, den vertragsgemäße Ware zu diesem Zeitpunkt gehabt hätte. Behebt jedoch der Verkäufer nach Artikel 37 oder 48 einen Mangel in der Erfüllung seiner Pflichten oder weigert sich der Käufer, Erfüllung durch den Verkäufer nach den genannten Artikeln anzunehmen, so kann der Käufer den Preis nicht herabsetzen.

Art. 51 [Teilweise Nichterfüllung]

(1) Liefert der Verkäufer nur einen Teil der Ware oder ist nur ein Teil der gelieferten Ware vertragsgemäß, so gelten für den Teil, der fehlt oder der nicht vertragsgemäß ist, die Artikel 46 bis 50.

(2) Der Käufer kann nur dann die Aufhebung des gesamten Vertrags erklären, wenn die unvollständige oder nicht vertragsgemäße Lieferung eine wesentliche Vertragsverletzung darstellt.

Art. 52 [Vorzeitige Lieferung und Zuviellieferung]

(1) Liefert der Verkäufer die Ware vor dem festgesetzten Zeitpunkt, so steht es dem Käufer frei, sie abzunehmen oder die Abnahme zu verweigern.

(2) Liefert der Verkäufer eine größere als die vereinbarte Menge, so kann der Käufer die zu viel gelieferte Menge abnehmen oder ihre Abnahme verweigern. Nimmt der Käufer die zu viel gelieferte Menge ganz oder teilweise ab, so hat er sie entsprechend dem vertraglichen Preis zu bezahlen.

Art. 74 [Umfang des Schadensersatzes]

Als Schadensersatz für die durch eine Partei begangene Vertragsverletzung ist der der anderen Partei infolge der Vertragsverletzung entstandene Verlust, einschließlich des entgangenen Gewinns, zu ersetzen. Dieser Schadensersatz darf jedoch den Verlust nicht übersteigen, den die vertragsbrüchige Partei bei Vertragsabschluss als mögliche Folge der Vertragsverletzung vorausgesehen hat oder unter Berücksichtigung der Umstände, die sie kannte oder kennen musste, hätte voraussehen müssen.

Art. 79 [Hinderungsgrund außerhalb des Einflussbereichs des Schuldners]

(1) Eine Partei hat für die Nichterfüllung einer ihrer Pflichten nicht einzustehen, wenn sie beweist, dass die Nichterfüllung auf einem außerhalb ihres Einflussbereichs liegenden Hinderungsgrund beruht und dass von ihr vernünftigerweise nicht erwartet werden konnte, den Hinderungsgrund bei Vertragsabschluss in Betracht zu ziehen oder den Hinderungsgrund oder seine Folgen zu vermeiden oder zu überwinden.

(2) Beruht die Nichterfüllung einer Partei auf der Nichterfüllung durch einen Dritten, dessen sie sich zur völligen oder teilweisen Vertragserfüllung bedient, so ist diese Partei von der Haftung nur befreit,

    a. wenn sie nach Absatz 1 befreit ist und

b. wenn der Dritte selbst ebenfalls nach Absatz 1 befreit wäre, sofern Absatz 1 auf ihn Anwendung fände.

(3) Die in diesem Artikel vorgesehene Befreiung gilt für die Zeit, während der der Hinderungsgrund besteht.

(4) Die Partei, die nicht erfüllt, hat den Hinderungsgrund und seine Auswirkung auf ihre Fähigkeit zu erfüllen der anderen Partei mitzuteilen. Erhält die andere Partei die Mitteilung nicht innerhalb einer angemessenen Frist, nachdem die nicht erfüllende Partei den Hinderungsgrund kannte oder kennen musste, so haftet diese für den aus dem Nichterhalt entstehenden Schaden.

(5) Dieser Artikel hindert die Parteien nicht, ein anderes als das Recht auszuüben, Schadensersatz nach diesem Übereinkommen zu verlangen.

3.5 Unterzeichnerstaaten des UN-Kaufrechts

Der große Vorteil des UN-Kaufrechts liegt in seiner internationalen Akzeptanz, zum 01.08.2011 haben folgende 77 Staaten Mitglieder mit ihrer Unterschrift das UN-Kaufrecht anerkannt:

- Ägypten, in Kraft seit 01.01.1988

- Albanien, in Kraft seit 01.06.2010

- Argentinien, in Kraft seit 01.01.1988

- Armenien, in Kraft seit 01.01.2010

- Australien, in Kraft seit 01.04.1989

- Belgien, in Kraft seit 01.11.1997

- Bosnien-Herzegowina, in Kraft seit 06.03.1992

- Bulgarien, in Kraft seit 01.08.1991

- Bundesrepublik Deutschland (einschließlich neuer Bundesländer), in Kraft seit 01.01.1991; (ehem. DDR, in Kraft getreten am 01.03.1990 und bis zur Vereinigung am 03.10.1990 wirksam)

- Burundi, 01.10.1999

- Chile, in Kraft seit 01.03.1991

- China, in Kraft seit 01.01.1988

- Dänemark, in Kraft seit 01.03.1990

- Dominikanische Republik, in Kraft seit 01.07.2011

- Ecuador, in Kraft seit 01.02.1993

- El Salvador, in Kraft seit 01.12.2007

- Estland, in Kraft seit 01.10.1994

- Finnland, in Kraft seit 01.01.1989

- Frankreich, in Kraft seit 01.01.1988

- Gabun, in Kraft seit 01.01.2006

- Georgien, in Kraft seit 01.09.1995

- Griechenland, in Kraft seit 01.02.1999

- Guinea, in Kraft seit 01.02.1992

- Honduras, in Kraft seit 01.11.2003

- Irak, in Kraft seit 01.04.1991

- Island, in Kraft seit 01.06.2002

- Israel, in Kraft seit 01.02.2003

- Italien, in Kraft seit 01.01.1988

- Japan, in Kraft seit 01.08.2009

- Kanada, in Kraft seit 01.05.1992

- Kirgisien, in Kraft seit 01.06.2000

- Kolumbien, in Kraft seit 01.08.2002

- Korea, Republik, in Kraft seit 01.03.2005

- Kroatien, in Kraft seit 08.10.1991

- Kuba, in Kraft seit 01.12.1995

- Lesotho, in Kraft seit 01.01.1988

- Lettland, in Kraft seit 01.08.1998

- Libanon, in Kraft seit 01.12.2009

- Liberia, in Kraft seit 01.10.2006

- Litauen, in Kraft seit 01.02.1996

- Luxemburg, in Kraft seit 01.02.1998

- Mauretanien, in Kraft seit 01.09.2000

- Mazedonien, in Kraft seit 17.11.1991

- Mexiko, in Kraft seit 01.01.1989

- Moldau, Republik, in Kraft seit 01.11.1995

- Mongolei, in Kraft seit 01.01.1999

- Montenegro, in Kraft seit 03.06.2006

- Neuseeland, in Kraft seit 01.10.1995

- Niederlande, in Kraft seit 01.01.1992

- Norwegen, in Kraft seit 01.08.1989

- Österreich in Kraft seit 01.01.1989

- Paraguay, in Kraft seit 01.02.2007

- Peru, in Kraft seit 01.04.2000

- Polen, in Kraft seit 01.06.1996

- Rumänien, in Kraft seit 01.06.1992

- Russland, in Kraft seit 01.09.1991

- Sambia, in Kraft seit 01.01.1988

- Sankt Vincent u. die Grenadinen, in Kraft seit 01.10.2001

- Schweden, in Kraft seit 01.01.1989

- Schweiz, in Kraft seit 01.03.1991

- Serbien und Montenegro, in Kraft seit 27.04.1992

- Singapur, in Kraft seit 01.03.1996

- Slowakische Republik, in Kraft seit 01.01.1993

- Slowenien, in Kraft seit 25.06.1991

- Spanien, in Kraft seit 01.08.1991

- Syrien, in Kraft seit 01.01.1988

- Tschechische Republik, in Kraft seit 01.01.1993

- Türkei, in Kraft seit 01.08.2011

- Uganda, in Kraft seit 01.03.1993

- Ukraine, in Kraft seit 01.02.1991

- Ungarn, in Kraft seit 01.01.1988

- Uruguay, in Kraft seit 01.02.2000

- Usbekistan, in Kraft seit 01.12.1997

- USA, in Kraft seit 01.01.1988

- Weißrussland, in Kraft seit 01.11.1990

- Zypern, in Kraft seit 01.04.2006

(ohne Gewähr)

Eine aktuelle Liste der Vertragsstaaten findet man im Internet auf der Homepage der Vereinten Nationen (www.unictral.org).

3.6 Wesentliche Inhalte und Definitionen des UN-Kaufrechts

3.6.1 Primärleistungspflichten des Verkäufers

Aufgrund von Art. 30 ist der Verkäufer verpflichtet, die Ware zu liefern, die betreffenden Dokumente zu übergeben und das Eigentum an der Ware zu übertragen. Der Inhalt der Lieferpflicht sowie der Ort der Lieferung werden in Art. 31 näher ausgeführt. Diesbezüglich ist zu beachten, dass der Verkäufer aufgrund von Art. 31 b) und c) in bestimmten Fällen seine Lieferverpflichtung bereits erfüllt, wenn er die Ware dem Käufer zur Verfügung stellt. Eine Übergabe der Ware wie nach § 433 BGB ist in diesen Fällen nicht notwendig. Dies gilt z.B. immer dann, wenn es sich nicht um einen Beförderungskauf handelt, die Parteien keine abweichenden Absprachen getroffen haben und keine spezifischen Gebräuche oder Gepflogenheiten festzustellen sind.

Aufgrund von Art. 52 Abs. 1 kann der Verkäufer bei vorzeitiger Lieferung nicht verlangen, dass der Käufer die Ware abnimmt. Vielmehr liegt es im eigenen Ermessen des Käufers, ob er die Ware abnimmt oder ob er die Annahme verweigert (im Gegensatz zu § 271 Abs. 2 BGB, wonach der Käufer bei vorzeitiger Lieferung der Ware im Zweifel verpflichtet ist, die Ware abzunehmen).

Von besonderer Bedeutung kann das Recht des Verkäufers zur Nacherfüllung aufgrund von Art. 48 sein. Danach hat der Verkäufer auch nach Verstreichen des Liefertermins, die Möglichkeit zu liefern und kann somit möglicherweise die Höhe eines Schadensersatzanspruchs (dieser bleibt aufgrund von Art. 48 Abs. 1 S. 2 von diesem Recht unberührt) beschränken. Voraussetzung für dieses Nachlieferungsrecht ist jedoch, dass durch die Nachlieferung keine unzumutbaren Verzögerungen eintreten und dem Käufer durch die Nachlieferung weder unzumutbare Unannehmlichkeiten entstehen noch Ungewissheit über die Erstattung seiner Auslagen durch den Verkäufer verursacht wird. Dieses *Recht der zweiten Andienung* soll dem Verkäufer die Möglichkeit eröffnen, unter oben genannten Voraussetzungen selbst nach Eintritt des Liefertermins eine nicht vertragsgemäße Lieferung durch Ersatzlieferung oder Nachbesserung zu beseitigen. Dies gilt jedoch nicht, wenn die nicht vertragsgemäße Lieferung eine wesentliche Vertragsverletzung darstellt.

Obwohl der Verkäufer nach Art. 30 verpflichtet ist, das Eigentum an der Ware zu übertragen, enthält das UN-Kaufrecht keine Regelungen bezüglich des Eigentumsübergangs. Dies wurde sogar mit Art. 4 b) ausdrücklich ausgenommen, sodass sich der Eigentumsübergang ausschließlich nach nationalem Recht regelt.

3.6.2 Primärleistungspflichten des Käufers

Der Käufer hat aufgrund von Art. 53 den Kaufpreis zu zahlen und die Ware abzunehmen. Art. 54 ff. enthalten hinsichtlich der Zahlung des Kaufpreises besondere Regelungen. So hat der Käufer z.B. aufgrund von Art. 54 bereits vor der Zahlung alle erforderlichen Maßnahmen zu treffen, damit die Zahlung rechtzeitig erfolgen kann. Diesbezüglich ist zu bedenken, dass die Verletzung dieser Pflicht eine Vertragsverletzung darstellt, die dem Verkäufer ggf. die Geltendmachung von Leistungsstörungsrechtsbehelfen nach Art. 61ff. ermöglicht!

In Ermangelung anderweitiger Absprachen ist der Käufer aufgrund von Art. 57 Abs. 1 a) verpflichtet, die Zahlung am Ort der Niederlassung des Verkäufers zu leisten bzw. aufgrund von Art. 57 Abs. 1 b) an dem Ort, an dem die Ware bzw. die Dokumente übergeben werden. Da die Kaufpreiszahlungspflicht aufgrund von Art. 57 Abs. 1 a) grundsätzlich eine Bringschuld ist, genügt es nicht, wenn der Käufer das Geld am Fälligkeitstag anweist. Vielmehr muss er für das rechtzeitige Eintreffen des Geldes beim Verkäufer sorgen. (Nach dem neuen Schuldrecht genügt es heute aufgrund von § 676a BGB allerdings auch nicht mehr, wenn am Tag der Fälligkeit der Bank ein Überweisungsauftrag erteilt wurde. Vielmehr hat der Schuldner einer Geldschuld seine Schuld erst dann erfüllt, wenn die Bank den Überweisungsauftrag bearbeitet und damit zumindest konkludent den Überweisungsvertrag abschließt.)

Sofern die Parteien keine bestimmte oder bestimmbare Zeit der Kaufpreiszahlung vereinbart haben, muss der Käufer aufgrund von Art. 58 Abs. 1 den Kaufpreis zahlen, sobald ihm die Ware oder die entsprechenden Dokumente zur Verfügung gestellt wurden. Damit ist der Verkäufer vorleistungspflichtig.

3.6.3 Nichtlieferung

Den Verzug wie im deutschen Recht gibt es im UN-Kaufrecht nicht. Nach dem BGB kann der Käufer den Verzugsschaden nur verlangen, wenn der Verkäufer trotz Fälligkeit der Lieferung zu einem kalendermäßig bestimmten bzw. kalendermäßig bestimmbaren Termin schuldhaft nicht geliefert hat bzw. bei nicht kalendermäßig bestimmten bzw. kalendermäßig bestimmbaren Terminen, wenn der Käufer den Verkäufer gemahnt hat und der Verkäufer die Nichtlieferung zu vertreten hat. Nach dem UN-Kaufrecht hat der Verkäufer dem Käufer den Verzögerungsschaden bereits dann zu ersetzen, wenn er den vertraglich vereinbarten Termin überschritten hat. Eine Mahnung ist im UN-Kaufrecht entbehrlich und auch auf ein Verschulden kommt es im UN-Kaufrecht nicht an. Dem Käufer stehen auch ohne Mahnung im Falle einer unverschuldeten Nichtlieferung alle Rechte zu, die das UN-Kaufrecht bei Vertragsverletzungen gewährt.

3.6.3.1 Schadensersatz bei Nichtlieferung

Wie bei jeder anderen Form der Vertragsverletzung ist der Lieferant im Falle der Nichtlieferung zum Schadensersatz verpflichtet. Aufgrund von Art. 74 Satz 1 umfasst der Schadensersatzanspruch auch den entgangenen Gewinn. Im Gegensatz zum deutschen Recht ist ein Schadensersatzanspruch nach dem UN-Kaufrecht aufgrund von Art. 74 Satz 2 jedoch auf den vorhersehbaren Schaden beschränkt. Der Käufer sollte sich deshalb bereits bei Vertragsabschluss Gedanken darüber machen, in welchem Umfang der Verkäufer mögliche entgangene Gewinne abschätzen kann, ggf. muss er den Verkäufer im Rahmen des Vertrags auf mögliche Schäden ausdrücklich hinweisen.

3.6.3.2 Deckungskauf bei Nichtlieferung

Aufgrund von Art. 75 kann der Käufer, wenn er die Vertragsaufhebung erklärt hat und er daraufhin innerhalb einer angemessenen Frist einen angemessenen Deckungskauf durchgeführt hat, die Differenz zwischen dem vereinbarten Preis und dem Preis des Deckungskaufs verlangen.

3.6.4 Mangelhafte Lieferung

Aufgrund von Art. 35 Abs. 1 hat der Verkäufer Ware zu liefern, die in der Menge, Qualität und Art sowie hinsichtlich der Verpackung, den Anforderungen des Vertrags entspricht. Wie im deutschen Recht ist die Ware nicht vertragsgemäß, wenn die *Ist-Beschaffenheit* von der *Soll-Beschaffenheit* der Ware abweicht. Standards, die sowohl im Land des Käufers als auch im Land des Verkäufers gelten, muss der Verkäufer beachten. Weicht die gelieferte Ware von diesen Standards ab ist sie vertragswidrig (Rechtsbank Zwolle, CISG-online Nr. 2069). Für den Einkäufer ist es riskant, wenn die Standards im Käufer- und Verkäuferland voneinander abweichen. In diesem Fall wird ausschließlich auf die Standards des Verkäuferlandes abgestellt (High Court of New Zealand, CISG-online Nr. 2113).

3.6.4.1 Rücktritt/Wandelung

Wie im BGB kann der Käufer bei mangelhafter Lieferung grundsätzlich verlangen, dass der Verkäufer die Ware zurücknimmt und der Käufer sein Geld zurückerhält. Im Gegensatz zum BGB muss der Käufer, um diese Rechtsfolge zu erzielen, jedoch nicht den Rücktritt (im alten BGB *Wandelung* genannt), sondern die *Aufhebung des Vertrags* erklären. Dieser Rechtsbehelf unterscheidet sich nicht nur von der Bezeichnung her, sondern insbesondere auch bezüglich seiner Voraussetzungen von einem Rücktritts.

Während der Einkäufer nach dem BGB im Falle einer nicht unerheblichen mangelhaften Lieferung den Rücktritt vom Vertrag erklären kann, ist eine Aufhebung des Vertrags nach dem UN-Kaufrecht erheblich erschwert. Aufgrund von Art. 49 Absatz 1 a) UN-Kaufrecht kann der Käufer bei einer mangelhaften Lieferung die Aufhebung des Vertrags nur erklären, wenn der Mangel eine wesentliche Vertragsverletzung darstellt. Dies ist aufgrund einer Entscheidung des Bundesgerichtshofs vom 03.04.1996, AZ.: VIII ZR 51/95 (abgedruckt in: Neue Juristische Wochenschrift 1996, Seite 2364 ff.) unter anderem dann anzunehmen, wenn eine anderweitige Verwertung der Ware oder der Absatz der Ware im gewöhnlichen Geschäftsverkehr nur mit einem unverhältnismäßigen Aufwand möglich bzw. unzumutbar wäre. Diesbezüglich trägt der Käufer die volle Beweislast, d.h., er muss darlegen, aufgrund welcher Umstände ein Festhalten am Vertrag für ihn unzumutbar ist bzw. wodurch bei ihm aufgrund des Mangels ein unverhältnismäßiger Aufwand entsteht. Da dies im Prozess in der Regel sehr schwierig ist, empfiehlt es sich, bereits im Vertrag ausdrücklich festzulegen, dass die Mangelfreiheit der Ware als wesentliche Vertragspflicht angesehen wird. In diesem Fall muss der Käufer wie nach dem BGB nur den Mangel selbst beweisen.

3.6.4.2 Ersatzlieferung

Ersatzlieferungen sind nach dem UN-Kaufrecht möglich, aber im Gegensatz zum BGB setzt eine Ersatzlieferung wie bei der Vertragsaufhebung aufgrund von Art. 46 Abs. 2 voraus, dass es sich um eine wesentliche Vertragsverletzung handelt. Sofern diese Bedingung erfüllt ist, kann der Käufer im Gegensatz zum alten BGB die Ersatzlieferung auch dann verlangen, wenn der Verkäufer eine spezielle Sache schuldet. Während nach dem alten BGB eine Ersatzlieferung nur bei Gattungssachen in Betracht kam, kann der Käufer nach dem neuen BGB nunmehr in bestimmten Fällen auch beim Stückkauf eine Ersatzlieferung verlangen. Voraussetzung dafür ist aber, dass nach der Vorstellung der Parteien eine mangelhafte Sache durch eine gleichwertige und gleichartige Sache ersetzt werden kann (siehe dazu:

Entscheidung des Bundesgerichtshofs vom 7.6.2006, AZ.: VIII ZR 209/05, abgedruckt u.a. in: Neue Juristische Wochenschrift 2006, S. 2839 ff.).

Überraschend für den deutschen Einkäufer ist in diesem Zusammenhang jedoch, dass die Ersatzlieferung bereits mit der Mängelanzeige oder innerhalb einer angemessenen Frist verlangt werden muss. In der Praxis bedeutet dies, dass sich der Käufer nach der Entdeckung eines Mangels sehr frühzeitig darüber klar werden muss, ob es sich bei dem Mangel um eine wesentliche Vertragsverletzung handelt und ob er die Ersatzlieferung möchte.

3.6.4.3 Nachbesserung

Wie im neuen BGB kann der Käufer nach dem UN-Kaufrecht gemäß Art. 46 Abs. 3 auch eine Nachbesserung verlangen. Voraussetzung dafür ist jedoch, dass dies objektiv möglich und dem Verkäufer nicht unter Berücksichtigung aller Umstände unzumutbar ist. Außerdem muss der Käufer dem Verkäufer die Vertragswidrigkeit der Ware zuvor innerhalb einer angemessenen Frist angezeigt *und* ihn bereits im Zusammenhang mit dieser Anzeige zur Nachbesserung aufgefordert haben *oder* dies innerhalb einer angemessenen Frist noch verlangen.

Gerade in Bezug auf die letztgenannten Voraussetzungen der Nachbesserung bestehen für den deutschen Einkäufer wie bei der Ersatzlieferung gewisse Risiken. In den Allgemeinen Einkaufsbedingungen wird in der Regel nur ein Nachbesserungsrecht vereinbart. Über die Einhaltung von rechtserhaltenden Fristen macht sich ein deutscher Einkäufer zumeist keine Gedanken.

In der Praxis ist es häufig so, dass der Käufer den Mangel zwar unverzüglich anzeigt, dass die Entscheidung, ob die Ware nachgebessert oder ausgetauscht werden soll, aber noch von weiteren Überlegungen abhängt.

3.6.4.4 Minderung

Wie im BGB kann der Käufer nach UN-Kaufrecht aufgrund von Art. 50 bei der Lieferung von mangelhafter Ware den Kaufpreis mindern. Dieses Recht entspricht im Wesentlichen dem des BGB. Dies gilt insbesondere im Hinblick auf die Methode der Berechnung der Minderung. Sowohl nach dem BGB als auch nach dem UN-Kaufrecht wird der geminderte Kaufpreis nach der proportionalen Berechnungsmethode ermittelt. Während *das BGB* bei dieser Berechnung jedoch auf den *Zeitpunkt des Vertragsabschlusses* abstellt, legt das *UN-Kaufrecht* der Berechnung den *Zeitpunkt der Warenlieferung* zugrunde. In jedem Fall errechnet sich der geminderte Kaufpreis nach folgender Formel:

Geminderter Kaufpreis =

Wert der mangelhaften Ware x vereinbarter Kaufpreis : objektiver Wert

der mangelfreien Ware

Nach dem BGB kann der Käufer zwischen Wandelung und Minderung hin und her wechseln, bis sich der Verkäufer für einen Rechtsbehelf entschieden hat. Nach dem UN-Kaufrecht aber bewirkt bereits die Erklärung der Minderung, dass der Käufer nicht mehr die Aufhebung des Vertrags erklären (wandeln) oder Erfüllung verlangen kann.

Aufgrund von Art. 37 in Verbindung mit Art. 50 Satz 2 ist eine Minderung des Kaufpreises allerdings ausgeschlossen, wenn der Verkäufer im Falle vorzeitiger Lieferung für nicht vertragsgemäße Ware Ersatz liefern will oder die Vertragswidrigkeit beheben möchte und der Käufer diese Erfüllung verweigert, obwohl ihm diese Nachleistung keine unzumutbaren Unannehmlichkeiten oder unverhältnismäßige Kosten verursacht.

Neben der Minderung kann der Käufer grundsätzlich auch Schadensersatz verlangen. Dies ist für den Käufer insbesondere dann von Vorteil, wenn der Preis der Ware zwischen Vertragsabschluss und Lieferung gestiegen ist. Der Käufer kann dann als Schadensersatz die Differenz des Wertes von gelieferter und versprochener Ware geltend machen.

3.6.4.5 *Schadensersatz*

Aufgrund von Art. 45 Abs. 1 b) in Verbindung mit Art. 74 kann der Käufer bei jeglichen Vertragsverletzungen, also auch im Falle der mangelhaften Lieferung, kumulativ zu allen anderen Rechtsbehelfen auch Schadensersatz verlangen. Dieser ist nicht an eine wesentliche Vertragsverletzung gebunden und umfasst auch den Mangelfolgeschaden.

Begrenzt wird die Schadensersatzpflicht jedoch durch den Tatbestand der Befreiung nach Art. 79 sowie durch Art. 74 S.2, der auf den *vorhersehbaren Schaden* abstellt. Diesbezüglich ist auf die Vorhersehbarkeit *bei Vertragsabschluss* abzustellen. Da der Käufer hinsichtlich der Vorhersehbarkeit des Schadens beweispflichtig ist, liegt es in seinem besonderen Interesse, be reits im Vertrag auf mögliche Schäden hinzuweisen. Dazu eignet sich in besonderem Maße die Präambel des Vertrags, in der der Käufer z.B. aufführen kann, dass er die Ware zum Weiterverkauf benötigt. Dies weist z.B. unter anderem auf Schäden durch entgangenen Gewinn hin. Nach Art. 79 Abs. 1 kann sich der Schuldner für die Nichterfüllung des Vertrags nur entlasten, wenn er den Nachweis erbringt, dass die Vertragsverletzung auf einem nicht beherrschbaren, dem Einfluss des Schuldners entzogenen Hinderungsgrund beruht. Als Hinderungsgründe in diesem Sinne kommen nur objektive, der Leistung entgegenstehende Umstände in Betracht. Dazu zählen insbesondere Naturereignisse, politische Geschehnisse, faktische Verhältnisse oder Rechtsetzungsakte wie Ausfuhrsperren oder Importverbote. Dem entgegen kann sich der Schuldner praktisch niemals auf persönliche Hinderungsgründe wie unvorhersehbare Krankheit, Tod, Verhaftung oder den Ausfall eines Zulieferanten berufen (vgl. v. Caemmerer/Schlechtriem-Schwenzer, Art. 79 Rd. 11).

Der Hinderungsgrund muss nach dem Wortlaut des Art. 79 außerhalb des Einflussbereichs des Schuldners liegen. Nach einer Faustregel ist dies immer dann der Fall, wenn *es keinen Sinn hat, dagegen Vorkehrungen zu treffen*. Des Weiteren kann sich der Schuldner entlasten, wenn der Hinderungsgrund der Risikosphäre des Gläubigers zuzurechnen ist. Sofern der Hinderungsgrund dem Einflussbereich des Schuldners entzogen ist, kann er sich nicht entlasten, wenn vernünftigerweise von ihm erwartet werden konnte, dass er den Hinderungsgrund bei Vertragsschluss vorhersehen hätte können (z.B. bei immer wiederkehrenden Naturereignissen oder bei einem angekündigten Streik französischer Fernfahrer). Bezüglich der Vorhersehbarkeit des Schadens kommt es darauf an, mit welchem bei der Sachlage als ernsthaft in Betracht kommenden Schaden ein vernünftiger *idealtypischer* Schuldner rechnen musste.

Grundsätzlich trägt der Schuldner die Verantwortung für

- die von ihm angestellten Personen
- seine finanzielle Leistungsfähigkeit
- die Beschaffenheit und Organisation seines gegenständlichen Herrschaftsbereichs, wie z.B. den Produktionsmaschinen und der Datenverarbeitungsanlage
- das Beschaffungsrisiko (z.B. Ausfall des Zulieferers)
- Sachmängel an den vom Verkäufer selbst hergestellten Waren.

54

3.6.4.6 Untersuchung der Ware

Zur Wahrung seiner Rechte hat der Käufer die Ware aufgrund von Art. 38 Abs. 1 *innerhalb einer so kurzen Frist zu untersuchen oder untersuchen zu lassen, wie es die Umstände erlauben.* Insoweit entspricht die Pflicht zur Untersuchung der Ware der Regelung des HGB, wonach der Käufer die Ware *unverzüglich* zu untersuchen hat. Im Gegensatz zum HGB ist es im Rahmen des UN-Kaufrechts jedoch unerheblich, ob es sich um ein zweiseitiges Handelsgeschäft handelt. Für die Bestimmung der Dauer der Frist sind die individuellen Möglichkeiten des Käufers zu berücksichtigen, wobei ein strenger Maßstab anzulegen ist.

Sind bei einer bestimmungsgemäßen Weiterverarbeitung der gelieferten Ware hohe Mangelfolgeschäden möglich, so ist die Ware besonders sorgfältig zu kontrollieren. Insbesondere sind handelsübliche Tests durchzuführen (BGH LM Nr. 13 zu § 377 HGB). Der Käufer hat die Ware bei jeder Sendung erneut zu überprüfen. Dies gilt auch für den Fall, dass frühere Lieferungen mangelfrei waren (BGHZ 101, 339 ff.). Im Hinblick auf die Bedeutung dieser Untersuchungsfrist empfiehlt sich eine vertragliche Festlegung der Frist, innerhalb welcher die Untersuchung erfolgen muss. Diesbezüglich ist hervorzuheben, dass die Rechtsprechung des Bundesgerichtshofs zum vollständigen Abbedingen der Wareneingangsprüfung nach § 377 HGB in Allgemeinen Geschäftsbedingungen auf das hinsichtlich der Eingangsuntersuchung weniger strenge UN-Kaufrecht (Art. 38) nicht zu übertragen ist. Eine diesbezügliche gerichtliche Entscheidung steht aber noch aus.

Die Untersuchungsfrist beginnt in der Regel mit der Ablieferung der Ware beim Käufer. Sieht der Vertrag eine Beförderung der Ware vor, verschiebt sich der Beginn der Frist gemäß Art. 38 Abs. 2 auf deren Ankunft am Bestimmungsort. Dies ist der Ort, an den der Verkäufer die Ware zu versenden hat. Sofern im Kaufvertrag FOB bzw. CIF vereinbart ist, muss die Untersuchung im Bestimmungshafen vorgenommen werden. Wird die Ware z.B. aufgrund eines Weiterverkaufs nachträglich umgeleitet oder weiterversandt, und kannte der Verkäufer bei Vertragsabschluss die Möglichkeit einer solchen Umleitung oder Weiterversendung oder musste er sie kennen, so kann die Untersuchung bis nach Eintreffen der Ware an ihrem neuen Bestimmungsort aufgeschoben werden (Art. 38 Abs. 3).

3.6.4.7 Frist einer Mängelrüge

Aufgrund von Art. 39 Abs. 1 muss der Käufer *innerhalb einer angemessenen Frist* Mängel rügen, wenn er sich auf die Vertragswidrigkeit der Ware berufen möchte. Dabei ist jede einzelne Vertragswidrigkeit mit Beschreibung der Symptome anzugeben (OLG Düsseldorf, CISG-online Nr. 2171, www.cisg-online.ch). Nicht ausreichend sind Beschreibungen wie „erhebliche Mängel am Fahrzeug" oder „nicht fachmännisch repariert" (OLG Hamm, Neue Juristische Wochenschrift – Rechtsprechungsreport, 2010, 708) oder die pauschale Behauptung, die vereinbarte Qualität sei nicht erfüllt (Hof Arnhem, CISG-online Nr. 2072). Die Frist beginnt ab dem Zeitpunkt, in dem der Käufer den Mangel festgestellt hat bzw. den Mangel hätte feststellen müssen. Handelt es sich z.B. um einen offenen Mangel, so ist davon auszugehen, dass der Käufer diesen Mangel bei der ordnungsgemäßen Untersuchung hätte feststellen müssen. Wie lang eine *angemessene Frist* im konkreten Fall ist, hängt vom Vertrag und den Umständen des Einzelfalls ab. Dabei ist insbesondere zu berücksichtigen, ob es sich um verderbliche oder dauerhafte Ware handelt. Bei Zitrusfrüchten ist eine Rüge zwölf Tage nach Anlieferung z.B. zu spät (Hof Arnhem, CISG-online Nr. 2072). Österreichische Gerichte gehen bei Art. 39 Abs. 1 eher von einer 14-tägigen Frist aus (ÖstOGH, Zeitschrift für das Recht des internationalen Warenkaufs und -vertriebs 201, 85 ff.). Deutsche und Schweizer Gerichte neigen dem entgegen eher zu einer Frist von einem Monat (OLG Hamm, Neue Juristische Wochenschrift – Rechtsprechungsreport, 2010, 708, LG Münster, CISG-online Nr. 2167, Kantonsgericht Glarus, Zeitschrift für das Recht des internationalen Warenkaufs und -vertriebs 2010, 152 ff.).

3.6.4.8 Gewährleistungsfrist

Das UN-Kaufrecht hat keine Regelung bezüglich der Gewährleistungsfrist, sodass nationales Recht ergänzend gilt. Zu berücksichtigen ist jedoch, dass das UN-Kaufrecht in Art. 39 Abs. 2 eine absolute Ausschlussfrist vorsieht (Cour de Cassation, CISG-online Nr. 1843). Danach verliert der Käufer spätestens zwei Jahre nach der Übergabe der Ware das Recht, sich auf eine Vertragswidrigkeit zu berufen. Diese Ausschlussfrist kann sowohl verkürzt als auch verlängert werden. Die Frist beginnt mit der Auslieferung der Ware (Cour de Cassation, CISG-online Nr. 1977). Ob z.B. die Vereinbarung einer einjährigen Gewährleistungsfrist zu einer Verkürzung der Ausschlussfrist führt, muss in jedem Einzelfall untersucht werden. Durch die Vereinbarung einer einjährigen vertraglichen Garantie wird die Frist jedoch nicht verkürzt (Cour d´Appel de Paris, CISG-online Nr. 2034).

3.6.4.9 Verjährungsfrist

Das UN-Kaufrecht selbst enthält keine Verjährungsvorschriften, sodass bezüglich der Verjährung auf die nationalen Regelungen verwiesen werden muss, die nach den Regeln des internationalen Privatrechts auf den Vertrag anzuwenden ist. Sofern auf den Vertrag deutsches Recht anzuwenden ist, kommt die Sondervorschrift des Art. 3 des Gesetzes zu dem Übereinkommen der Vereinten Nationen vom 11. April 1980 über den internationalen Warenkauf sowie zur Änderung des Gesetzes zu dem Übereinkommen vom 19. Mai 1956 über den Beförderungsvertrag im internationalen Straßenverkehr (CMR) [VertragsG] zur Anwendung. Danach verjähren Ansprüche wegen Vertragswidrigkeit der Ware gemäß § 438 BGB innerhalb von 24 Monaten.

3.7   Vorteile des UN-Kaufrechts

1) Aus der Sicht des deutschen Käufers ist insbesondere die Möglichkeit, bei jeder Art der Vertragsverletzung einen verschuldensunabhängigen Schadensersatzanspruch zu haben, ein wesentlicher Vorteil im Vergleich mit dem BGB/HGB. Zwar wird nach dem neuen BGB aufgrund von § 280 Abs. 1 BGB beim Schadensersatz heute auch nicht mehr zwischen den verschiedenen Leistungsstörungen differenziert, aber im Gegensatz zum UN-Kaufrecht besteht der Anspruch auf Schadensersatz nicht, wenn der Schuldner die Vertragsverletzung nicht zu vertreten hat (§ 280 Abs. 1 Satz 2 BGB).

2) Das UN-Kaufrecht ist insbesondere bezüglich der Leistungsstörungsregelungen wesentlich übersichtlicher und leichter zu handhaben. Während man auch im neuen BGB bei den Leistungsstörungen zwischen Unmöglichkeit, Verzug, Gewährleistung und positiver Vertragsverletzung unterscheiden muss, sind diese unterschiedlichen Tatbestände im UN-Kaufrecht in einem Tatbestand der Vertragsverletzung zusammengefasst. Eine Differenzierung zwischen den verschiedenen Verletzungstatbeständen entfällt somit. Die Reduzierung auf einen einzigen Verletzungstatbestand hat zur Folge, dass es in jedem Fall von Vertragsverletzungen dieselben Rechtsfolgen gibt. Der Geschädigte kann somit gemäß den Voraussetzungen des UN-Kaufrechts immer (soweit dies nicht logisch ausgeschlossen ist) Schadensersatz, Aufhebung des Vertrags, Nachbesserung, Ersatzlieferung und Minderung verlangen. Die damit verbundene höhere Praktikabilität des UN-Kaufrechts bewirkt im Verhältnis zum BGB/HGB ein höheres Maß an Rechtssicherheit und reduziert damit erheblich die Kosten bei rechtlichen Auseinandersetzungen mit dem Lieferanten.

3) Vorteilhaft ist auch, dass der Käufer grundsätzlich auch beim Stückkauf eine Ersatzlieferung verlangen kann.

3.8 Nachteile des UN-Kaufrechts

1) Wenn der Vertragsabschluss durch wechselseitige Erklärungen (z.B. durch Bestellung und Auftragsbestätigung) zustande kommen soll, ist genau darauf zu achten, dass die Parteien sich insbesondere hinsichtlich des Preises, der Bezahlung, der Qualität und der Menge der Ware, des Ortes und der Zeit der Lieferung, des Umfangs der Haftung der einen Partei gegenüber der anderen und hinsichtlich der Regelung bezüglich der Beilegung von Streitigkeiten geeinigt haben und dass die Annahmeerklärung rechtzeitig abgesendet wird. Sofern das nicht gewährleistet ist (z.B. weil die Parteien mit kreuzenden Allgemeinen Geschäftsbedingungen arbeiten), kann dies sogar zur Unwirksamkeit des Vertrags führen. Während nach dem BGB spätestens durch die Lieferung der Ware und deren Annahme ein Vertrag zustande kommt, ist dies nach dem UN-Kaufrecht nicht in jedem Fall gewährleistet. Das UN-Kaufrecht nötigt die Parteien somit praktisch zu einer Einigung. Diese lässt sich am besten durch beiderseitige Unterschriften unter eine Vertragsurkunde dokumentieren. Als solche kann z.B. eine vom Einkäufer vorgefertigte Auftragsbestätigung dienen, die vom Lieferanten innerhalb einer ihm gesetzten Frist unterschrieben zurückgesendet wird.

2) Nachteilig ist außerdem, dass der Käufer im Rahmen des UN-Kaufrechts grundsätzlich nicht mittels eines kaufmännischen Bestätigungsschreibens nachweisen kann, dass ein mündlicher Vertrag bereits geschlossen wurde. Möchte der Einkäufer eine telefonische Vereinbarung nachweisbar festhalten, muss er sich das Bestätigungsschreiben gegenzeichnen lassen.

3) Im Rahmen möglicher Schadensersatzansprüche ist die Begrenzung des Schadensersatzanspruchs auf den vorhersehbaren Schaden aus deutscher Sicht ein Nachteil. Dieser Nachteil lässt sich jedoch durch entsprechende vertragliche Gestaltungen ausräumen. Diesbezüglich bietet es sich z.B. an, in der Präambel zum Vertrag darauf hinzuweisen, wofür die Ware benötigt wird. Wird der Verkäufer auf diese Weise z.B. darauf hingewiesen, dass sein Produkt in medizintechnische Geräte eingebaut wird, kann er sich bereits bei Vertragsabschluss ein Bild von den Risiken des Vertrags machen.

4) Problematisch ist des Weiteren, dass die Aufhebung des Vertrags und die Ersatzlieferung nur im Falle einer wesentlichen Vertragsverletzung möglich sind. Da der Einkäufer insbesondere im Rahmen des Gewährleistungsrechts ein Interesse an diesen Rechtsbehelfen haben kann, empfiehlt es sich, im Vertrag die Spezifikationen als wesentliche Vertragspflichten festzulegen. Dies bewirkt, dass ein Abweichen von den Spezifikationen in der Regel als wesentliche Vertragsverletzung anzusehen ist.

5) Die Verpflichtung, bereits bei der Mängelanzeige oder innerhalb einer angemessenen Frist nach der Mängelanzeige mitzuteilen, ob man die Aufhebung des Vertrags, eine Ersatzlieferung oder Nachbesserung geltend macht, wird ebenfalls als nachteilig empfunden. Dies lässt sich jedoch ebenfalls durch entsprechende vertragliche Gestaltung abändern.

6) Darüber hinaus wird z.T. die Verpflichtung, einen Deckungskauf innerhalb einer angemessenen Frist nach erklärter Vertragsaufhebung zu tätigen, als nachteilig empfunden. Auch dieser Nachteil lässt sich durch eine entsprechende vertragliche Gestaltung beheben.

7) Der Umstand, dass nach dem UN-Kaufrecht der Kaufpreis am Fälligkeitstag auf dem Konto des Verkäufers gutgeschrieben sein muss, ist im internationalen Handel nicht praktikabel und sollte vertraglich anders geregelt werden.

3.9   Ausschluss des UN-Kaufrechts

Aufgrund von Art. 6 können die Parteien die Anwendung des UN-Kaufrechts ausschließen. Dies bedeutet, dass es bezüglich des Ausschlusses des UN-Kaufrechts einer *Vereinbarung* zwischen den Parteien bedarf. Erklärt der Käufer z.B. in seinen Allgemeinen Geschäftsbedingungen, dass er das UN-Kaufrecht ausschließt, so ist dies nur wirksam, wenn (1) die Allgemeinen Geschäftsbedingungen wirksam in den Vertrag einbezogen wurden und (2) wenn der Vertragspartner innerhalb einer angemessenen Frist dem Ausschluss zumindest stillschweigend zugestimmt hat. Sofern das UN-Kaufrecht ausgeschlossen werden soll, sollte der Einkäufer deshalb darauf achten, dass dieser Ausschluss vom Vertragspartner gegengezeichnet wird.

Ob ein Ausschluss sinnvoll ist, hängt davon ab, inwieweit die Nachteile des UN-Kaufrechts die Vorteile überwiegen und ob diese Nachteile nicht durch entsprechende vertragliche Gestaltungen beseitigt werden können. Dies ist eine im Einzelfall zu treffende kaufmännische Entscheidung. Zu berücksichtigen ist dabei, dass insbesondere die Nachteile beim Vertragsabschluss in der Regel nicht durch eine einseitige Ausschlussklausel behoben werden können.

3.10 Aufbau eines individuellen internationalen Kaufvertrags

Am Anfang des Vertrags sollten die Parteien genau bezeichnet werden. Dabei sollte nicht nur der Name der Firma korrekt wiedergegeben werden, sondern auch die Vertreter des Unternehmens sowie dessen Sitz und Rechtsform. Bei der Rechtsform sollte noch aufgeführt werden, nach welchem Recht diese Rechtsform besteht. Dies bewirkt, dass im Falle einer Klage im Ausland weniger Probleme mit der Parteibezeichnung auftreten. Außerdem sollte bereits bei der Parteibezeichnung die Telefax-Nummer aufgeführt werden. Dies soll sicherstellen, dass die Erklärungen, die an dieses Telefax gesendet werden, als zugegangen gelten. Eine solche Parteibezeichnung könnte wie folgt aussehen:

Y-GmbH, vertreten durch ihren Geschäftsführer A, einer nach den Gesetzen der Bundesrepublik Deutschland gegründeten Gesellschaft, die ihren Hauptsitz in Frankfurt, Musterweg 70 hat.

Nach der Parteibezeichnung sollte eine Präambel zum Vertrag folgen. In dieser Präambel zum Vertrag können die Parteien Mitteilungen zum Vertrag machen, die später bei der Auslegung des Vertrags herangezogen werden können. Dazu zählen beispielsweise Mitteilungen über den Gegenstand des Unternehmens, das Ziel und den Gegenstand des Vertrags, der beabsichtigte Einsatz der Produkte, in welche Länder das Produkt vertrieben wird, Tatsachen, die ein besonderes Vertrauen der einen Partei in die andere begründen, Rahmenbedingungen des Vertrags und vieles mehr.

Eine solche Präambel könnte wie folgt lauten:

Dieser Vertrag regelt das partnerschaftliche Verhältnis, auf dem der Lieferant zukünftig Ware an die Y-GmbH verkauft. Diese Waren werden von der Y-GmbH zur Produktion von medizintechnischen Geräten verwendet. Diese Produkte werden von der Y-GmbH insbesondere in folgende Länder vertrieben: USA, Europa, Japan und Singapur. Der Lieferant hat seinen hohen Qualitätsstandard durch Vorlage des als Anlage 1 beigefügten TQM-Zertifikats und durch die Vorlage der als Anlage 2 beigefügten Referenzen nachgewiesen.

Sofern es sich um einen Rahmenvertrag für zukünftige Lieferungen handelt, sollten nach der Präambel zunächst Regelungen bezüglich der zukünftigen Vertragsabschlüsse folgen. Danach folgen Regelungen bezüglich der Pflichten des Verkäufers. Weitere Überpunkte sind *Vertragsgemäßheit der Ware, Rechtsbehelfe des Käufers gegen den Verkäufer, Ansprüche Dritter, Produkthaftung, Pflichten des Käufers, Rechtsbehelfe des Verkäufers gegen den Käufer, gemeinsame Bestimmungen über Pflichten des Verkäufers und des Käufers* und abschließend *allgemeine Bestimmungen*. Dieser Aufbau hat den Vorteil, dass er sich an dem Aufbau des UN-Kaufrechts orientiert und somit internationalen Standards und einem internationalen Verständnis von Verträgen entspricht.

Ein standardisierter internationaler Kaufvertrag (MS-Word Dokument) basierend auf den oben genannten Punkten kann im Internet unter http://www.gps-logistics.com/shop/ bezogen werden. Der Vertrag ist in englischer Sprache abgefasst.

3.11   Vertragssprache

In der Regel kann der Vertrag in jeder beliebigen Sprache abgefasst werden. Wichtig ist aber, dass diese Sprache als Vertragssprache im Vertrag festgelegt wird. Es gibt jedoch Länder (z.B. Vietnam), nach deren nationalem Recht ein Vertrag nur dann gültig ist, wenn er in der Landessprache abgefasst wurde.

Ein Vertrag, sofern dies kostenmäßig zu vertreten ist, sollte grundsätzlich durch einen Rechtsanwalt im Land des Verkäufers zumindest im Hinblick auf die Einhaltung der landesspezifischen Formvorschriften überprüft werden sollte.

3.12   Gerichtsstand

In der Regel ist ein deutscher Gerichtsstand nur von Vorteil, wenn zwischen dem Staat, in dem der Vertragspartner seinen Sitz hat, und der Bundesrepublik Deutschland Vollstreckungsabkommen bestehen oder der Vertragspartner in Deutschland oder einem Staat, mit dem die Bundesrepublik Deutschland Vollstreckungsabkommen hat, Vermögen besitzt. Sofern dies nicht der Fall ist, kann die Vereinbarung eines deutschen Gerichtsstandes ggf. die gesamten Bemühungen um den Vertrag wertlos machen. In diesem Fall braucht der Vertragspartner ein Urteil eines deutschen Gerichts nicht zu fürchten, denn dieses wäre für den deutschen Einkäufer nicht vollstreckbar. Der Vertragspartner müsste in einem solchen Fall möglicherweise nicht einmal ein Urteil eines Gerichts seines Staates fürchten, denn in der Regel werden sich die Gerichte für unzuständig erklären (vorausgesetzt, die Gerichtsstandsvereinbarung war nach dem Recht des Staates des Vertragspartners zulässig).

Sofern ein deutscher Gerichtsstand vereinbart wird oder die Parteien mangels einer Gerichtsstandsvereinbarung aufgrund gesetzlicher Vorschriften zu einem deutschen Gerichtsstand kommen, ist zu bedenken, dass aufgrund von § 184 GVG (Gerichtsverfassungsgesetz) die Gerichtssprache deutsch ist. Dies hat zur Folge, dass ein Vertrag, der nicht in deutscher Sprache abgefasst wurde, ins Deutsche zu übersetzen ist. Kommt es dann aber zwischen den Parteien zu einem Streit hinsichtlich der Übersetzung, kann dies im ungünstigsten Fall sogar dazu führen, dass ein Gericht den Vertrag wegen eines verdeckten Einigungsmangels als insgesamt unwirksam ansieht.

3.13   Vollstreckbarkeit von deutschen Urteilen im Ausland

Sofern der Vertragspartner Anteile an deutschen Gesellschaften hat, können diese gepfändet werden. Diesbezüglich ist anzumerken, dass die Pfändung von Geschäftsanteilen für den Betroffenen zumeist mit derartigen Unannehmlichkeiten verbunden ist, dass die Zahlung oft schnell erfolgt, ohne dass der Geschäftsanteil tatsächlich verwertet werden muss.

Beliefert der Verkäufer auch andere deutsche Firmen, so können z.B. die Ansprüche aus einem zugunsten des Vertragspartners bestellten Akkreditivs gepfändet werden. Ob ein solches Akkreditiv bestellt wurde, kann in manchen Fällen bei den Empfängerfirmen in Erfahrung gebracht werden.

Sofern bekannt ist, dass der Lieferant an andere Firmen Waren unter Eigentumsvorbehalt geliefert hat, können diese Waren gepfändet werden.

Sofern der Lieferant in einem anderen Staat Vermögen hat, kann in dieses Vermögen vollstreckt werden, wenn zwischen der Bundesrepublik Deutschland und diesem Staat Vollstreckungsabkommen bestehen (wenn die Kaufpreiszahlung auf ein Schweizer Konto erfolgte, können sämtliche Konten des Lieferanten bei dieser Bank gepfändet werden).

3.14 Schiedsgerichtsverfahren

Als Alternative zu staatlichen Gerichtsverfahren bieten sich insbesondere Schiedsgerichtsverfahren an.

3.14.1 Vorteile von Schiedsgerichtsverfahren

1) In der Regel sind Schiedssprüche (im Gegensatz zu Urteilen von staatlichen Gerichten) in den meisten Ländern vollstreckbar.

2) Da Schiedssprüche nicht durch eine höhere Instanz überprüft werden können und die Schiedsverfahren in der Regel Erleichterungen bei der Zustellung von Klagen und Schriftsätzen vorsehen, sind Schiedsverfahren meistens schneller als staatliche Gerichtsverfahren.

3) Ein nicht zu unterschätzender Vorteil liegt darin, dass Schiedsverfahren nicht öffentlich sind. Dies gewährleistet, dass ein Wettbewerber keine Kenntnis von dem Verfahren erhält und dass keine Informationen aus dem Verfahren an die Öffentlichkeit dringen. Dies kann z.B. dann bedeutsam sein, wenn der Einkäufer einen Anspruch auf Ersatz des entgangenen Gewinns geltend macht und er zur Substanziierung seiner Forderung seine Kalkulation offenlegen muss.

4) Sofern das Schiedsverfahren auf der Grundlage des deutschen Verfahrensrechts durchgeführt wird, sind die Kosten zumeist besser kalkulierbar, denn es steht bereits zu Anfang des Verfahrens fest, dass es keine Berufung oder Revision geben wird. Voraussetzung ist jedoch, dass sowohl die Richter als auch die Rechtsanwälte auf der Grundlage von Pauschalen und nicht nach Stunden bezahlt werden.

5) Ein Schiedsverfahren kann praktisch überall auf der Welt stattfinden.

6) Bei der Auswahl der Schiedsrichter können solche mit einer besonderen Sachkunde und/oder mit einschlägigen Sprachkenntnissen berufen werden.

7) Schiedsverfahren können in der Sprache des Vertragstextes abgehalten werden. In diesem Fall muss der Vertrag nicht übersetzt werden.

3.14.2   Wahl eines Schiedsverfahrens

1) Mängel bei der Schiedsgerichtsklausel, beim Schiedsverfahren oder im Schiedsspruch können dazu führen, dass der Schiedsspruch nicht für vollstreckbar erklärt wird und somit ein weiteres Verfahren, diesmal vor einem staatlichen Gericht, notwendig wird. Schiedsgerichtsklauseln sollten deshalb nur von erfahrenen Praktikern verfasst, Schiedsgerichtsverfahren nur von anerkannten Schiedsgerichtsinstitutionen durchgeführt und zu Schiedsrichtern nur solche Schiedsrichter bestellt werden, die auch das Verfahrensrecht beherrschen. Eine Schiedsgerichtsklausel kann z.B. dadurch mangelhaft sein, dass sie nicht formgerecht vereinbart wurde. Bestimmt sich die Wirksamkeit der Schiedsgerichtsvereinbarung beispielsweise nach deutschem Recht, darf die Schiedsgerichtsklausel aufgrund von § 1027 Zivilprozessordnung in den Kaufvertrag nur dann aufgenommen werden, wenn sowohl der Käufer als auch der Verkäufer Kaufmänner im Sinne des HGB sind. Kauft ein deutsches Unternehmen beispielsweise eine Baumaschine von einem ausländischen Bauunternehmer, so dürfte die Kaufmannseigenschaft des ausländischen Verkäufers äußerst fraglich sein. Da es für den Nichtjuristen häufig kaum zu erkennen sein dürfte, ob der ausländische Vertragspartner Kaufmann im Sinne des HGB ist, sollten Schiedsgerichtsvereinbarungen grundsätzlich als gesonderte Vereinbarungen abgeschlossen werden.

2) Mängel bei der Schiedsgerichtsklausel können darüber hinaus zu erheblichen Verzögerungen bis hin zum Stillstand des Verfahrens führen. So kann z.B. die Einigung auf eine bestimmte Person in der Schiedsgerichtsklausel dazu führen, dass das Verfahren nicht durchgeführt werden kann. Verweigert diese Person ihre Mitarbeit oder stellt sie absurde Honorarforderungen, bedarf es einer Einigung auf eine andere Person. Wird eine solche Einigung nicht erzielt, kann das Verfahren nicht eingeleitet werden. Da sich die Parteien aber grundsätzlich auf ein Schiedsverfahren geeinigt hatten, kann nicht einmal ein staatliches Gericht angerufen werden. Der Rechtsstreit wird somit unentschieden bleiben.

3) Aus deutscher Sicht sollte in jedem Fall die Anwendung des Common-Law-Verfahrensrechts vermieden werden. Läuft das Schiedsverfahren nämlich nach den Regeln des Common-Law ab, so erhält jede Partei zunächst die Gelegenheit, alles vorzutragen, was ihr zu dem Rechtsstreit wesentlich erscheint. Ob dies tatsächlich wesentlich ist, spielt praktisch keine Rolle. Danach gibt es das Kreuzverhör „cross-examination" und die „re-examination". Dies bedeutet letztlich einen erheblichen Zeitaufwand und damit verbunden in der Regel auch höhere Kosten.

4) Sofern die Schiedsgerichtsbarkeit, zum Beispiel der Stockholmer Handelskammer vereinbart werden soll, ist darauf zu achten, dass ausdrücklich eine Rechtswahl im Vertrag getroffen wurde. Fehlt eine solche Rechtswahl nämlich, verweist das schwedische internationale Privatrecht bezüglich des anzuwendenden Rechts auf das Recht des Verkäufers, es sei denn, der Vertrag wurde im Land des Käufers unterzeichnet. Diese Konstruktion des schwedischen Rechts nutzen insbesondere die Russen und die Chinesen, um letztlich ihr nationales Recht zur Anwendung zu bringen, denn entweder sind sie selbst Verkäufer oder sie laden als Käufer den Verkäufer zur Unterschrift unter den Vertrag in ihr Land ein.

Soweit die Anmerkungen zum internationalen Vertragsrecht. Der Einkäufer ist letztendlich für die sinnvolle Anwendung dieses Instrumentariums verantwortlich. Der internationale Kaufvertrag kann nur die *ultima ratio* im Verhältnis Kunde-Lieferant spielen. Um so wichtiger ist daher, dass der erfahrene Einkäufer alle Möglichkeiten und Spielregeln dieses Grundwerkzeugs des internationalen Einkaufs kennt und entsprechend anwendet.

3.14.3 Nachteile von Schiedsgerichten

1) Eine mangelhaft formulierte Schiedsgerichtsklausel kann vom Stillstand bis hin zur Undurchführbarkeit des Rechtsstreits führen.

2) Viele Schiedsgerichtsordnungen sehen vor, dass die Schiedsrichter den Sachverhalt ermitteln können. Dadurch ist den Parteien im Vergleich mit einem deutschen Zivilprozess ein wesentliches Element der Verhandlungsführung entzogen. Dies kann zu einer Verteuerung des Verfahrens führen.

3) Die Wahl eines Schiedsverfahrens sollte mit der Produkthaftpflichtversicherung des Lieferanten abgeklärt werden. Manche Produkthaftpflichtversicherungen haben in ihren Versicherungsbedingungen eine Befreiung von der Zahlungsverpflichtung, wenn die Haftung des Versicherungsnehmers durch ein Schiedsgericht ausgeurteilt wird. Dies ist auch für den Einkäufer von besonderem Interesse, denn erstens bezahlt er die Kosten der Produkthaftpflichtversicherung in der Regel über den Teilepreis zumindest zum Teil mit und zweitens hat der Lieferant möglicherweise nicht die entsprechende Haftungsmasse, um Produkthaftungsschäden zu begleichen.

3.14.4 Welche anerkannten Schiedsgerichtsinstitutionen gibt es?

Anerkannte Schiedsgerichtsinstitutionen sind:

Deutsche Institution für Schiedsgerichtsbarkeit e.V.
Beethovenstraße 5-13
D-50674 Köln
Telefon: 0221 28 55 20
Telefax: 0221 28 55 22 22
E-Mail: dis@dis-arb.de
Internet: www.dis-arb.de

ICC Internationaler Schiedsgerichtshof
38, Cours Albert 1er
F-75008 Paris
Telefon: 0033 1 49 53 28 28
Telefax: 0033 1 49 53 29 33
E-Mail: arb@iccwbo.org
Internet: www.iccwbo.org

ICC Deutschland
Mittelstraße 12-14
D-50672 Köln
Telefon: 0221 257 55 65
Telefax: 0221 257 55 93

Zürcher Handelskammer
Bleicherweg 5
Postfach 3058
CH-8022 Zürich
Telefon: 0041 1 217 40 50
Telefax: 0041 1 217 40 51
E-Mail: direktion@zurichcci.ch
Internet: www.zurichcci.ch

Internationales Schiedsgericht der Wirtschaftskammer Österreich
Wiedner Hauptstraße 63
Postfach 319
A-1045 Wien
Telefon: 0043 1 590 900 4398
Telefax: 0043 1 590 900 216
Internet: www.internationales-schiedsgericht.at

3.14.5 Wo gibt es im Internet wertvolle Informationen zum internationalen Recht?

Die Wirtschaftsförderungsgesellschaft „Germany Trade and Invest" bietet auf ihrer Homepage (www.gtai.de) neben anderen für den Außenhandel bedeutungsvollen Informationen auch rechtliche Hinweise. Außerdem hat diese Homepage eine Rubrik „Service". In dieser Rubrik findet man unter „Links" eine Vielzahl von nützlichen Links auf andere Homepages.

3.15 Besonderheiten bei internationalen Verträgen – Fragen zu Rechtsproblemen bei Verträgen mit ausländischen Vertragspartnern

3.15.1 Welches Recht findet ergänzend zum Vertrag Anwendung?

Es ist voranzustellen, dass diese Frage nicht für alle Länder gleichermaßen beantwortet werden kann.

Im deutschen Recht ist die Frage, welches Recht bei vertraglichen zivil- und handelsrechtlichen Schuldverhältnissen mit Auslandsbezug gilt, seit dem 17.12.2009 aufgrund von Art. 249 Abs. 2 des Vertrags zur Gründung der Europäischen Gemeinschaft in Verbindung mit Art. 1 Abs. 1 und Art. 29 der Verordnung (EG) Nr. 593/2008 des Europäischen Parlaments und des Rates vom 17. Juni 2008 über das auf vertragliche Schuldverhältnisse in der Rom I Verordnung geregelt. Die Regelungen der Rom I VO verdrängen in der Bundesrepublik Deutschland und in allen anderen Ländern der Europäischen Gemeinschaft die entsprechenden nationalen Vorschriften. Auf diese Weise soll die Rechtssicherheit im grenzüberschreitenden Verkehr innerhalb der Europäischen Gemeinschaft gefördert und die damit verbundenen Kosten gesenkt werden. Aufgrund dieser neuen Rechtssituation werden nachfolgend die Grundlagen zu Rechtswahl- und Gerichtsstandsklauseln erläutert.

Ein Einkäufer, der telefonisch eine Ware in Frankreich bestellt, wird sich möglicherweise keine Gedanken darüber machen, welches Recht gelten würde, sollte es bei der Durchführung des Vertrags oder im Anschluss an die Lieferung der Ware Probleme geben. Deshalb wird er in dem Telefongespräch kaum erwähnen, dass er von einer Gültigkeit des deutschen Rechts ausgeht. Haben die Parteien aber weder mündlich noch schriftlich die Anwendung des deutschen Rechts vereinbart, so gilt aufgrund von Art. 4 Abs. 1 lit. a) Rom I VO das Recht des Staates, in dem der Verkäufer seinen gewöhnlichen Aufenthalt hat und damit französisches Recht. Art. 4 Abs. 1 lit. a) Rom I VO lautet nämlich:

„Soweit die Parteien keine Rechtswahl gemäß Artikel 3 getroffen haben, bestimmt sich das auf den Vertrag anzuwendende Recht unbeschadet der Artikel 5 bis 8 wie folgt:

a) Kaufverträge über bewegliche Sachen unterliegen dem Recht des Staates, in dem der Verkäufer seinen gewöhnlichen Aufenthalt hat."

Aufgrund von Art. 28 Abs. 1 und 2 EGBGB käme man im Übrigen in der Regel zu demselben Ergebnis, wenn der Einkäufer sein Telefonat mit einem amerikanischen Lieferanten geführt hätte. Im Gegensatz zu Art. 4 Rom I VO erwähnte Art. 28 EGBGB jedoch nicht ausdrücklich den Kaufvertrag. Mangels Rechtswahl unterlag der Vertrag aufgrund von Art. 28 Abs. 1 EGBGB vielmehr dem Recht des Staates, mit dem er die engsten Beziehungen aufwies. Diesbezüglich wurde aufgrund von Art. 28. Abs. 2 EGBGB vermutet, dass der Vertrag die engste Beziehung mit dem Staat aufweist, in dem die Partei ihren gewöhnlichen Aufenthalt hat, die die charakteristische Leistung erbracht hat. Da der Verkäufer die charakteristische Leistung erbringt, war dies in der Regel das Land des Verkäufers.

Im Gegensatz zu Art. 4 Rom I VO statuierte Art. 28 Abs. 2 EGBGB aber nur eine Vermutung für das Land des Verkäufers. Hatte der Verkäufer seine Produktionsstätte im Land des Käufers und fanden die Verhandlungen ausschließlich im Land des Käufers und in der Sprache des Käufers statt, konnte die Vermutung des Art. 28 Abs. 2 EGBGB möglicherweise widerlegt werden und damit doch das Recht des Käuferlandes zur Anwendung kommen. Dies ist nach Art. 4 Abs. 1 lit a) Rom I VO nicht möglich. Ohne Rechtswahlklausel ist selbst in einem solchen Fall das Recht des Verkäufers anzuwenden. Das ist der Preis von Rechtssicherheit. Aufgrund von Art. 2 der Rom I VO ist die Rom I VO im Übrigen auch dann anzuwenden, wenn es sich nicht um das Recht eines Mitgliedsstaates handelt. Damit findet Art. 4 Abs. 1 lit a) somit nunmehr auch gegenüber einem amerikanischen Lieferanten Anwendung.

Wie oben bereits erwähnt, gilt die Rom I VO für vertragliche Schuldverhältnisse in Zivil- und Handelssachen, die eine Verbindung zum Recht verschiedener EG-Staaten aufweisen. Aufgrund von Art. 1 Abs. 2 der Rom I VO sind aber verschiedene Angelegenheiten aus dem Anwendungsbereich dieser Verordnung ausdrücklich ausgenommen. Für all diejenigen, die in einem Unternehmen Ein- und Verkauf betreiben, sind im Tagesgeschäft diesbezüglich folgende Angelegenheiten von Bedeutung:

- Aufgrund von Art. 1 Abs. 2 lit. d) sind Verpflichtungen aus Wechseln, Schecks, Eigenwechseln und anderen handelbaren Papieren, soweit die Verpflichtung aus diesen anderen Papieren aus deren Handelbarkeit entsteht, ausgenommen.

  Ausgenommen sind auch:

- Schieds- und Gerichtsstandsvereinbarungen (Art. 1 Abs. 2 lit. e);

- Fragen betreffend das Gesellschaftsrecht, das Vereinsrecht und das Recht juristischer Personen wie die Errichtung durch Eintragung oder auf andere Weise, die Rechts- und Handlungsfähigkeit, die innere Verfassung und die persönliche Haftung der Gesellschafter und der Organe für die Verbindlichkeiten einer Gesellschaft, eines Vereins oder einer juristischen Person (Art. 1 Abs. 2 lit. f);
- die Frage, ob ein Vertreter die Person, für deren Rechnung er zu handeln vorgibt, Dritten gegenüber verpflichten kann oder ob ein Organ einer Gesellschaft, eines Vereins oder einer anderen juristischen Person dieser Gesellschaft diesen Verein oder diese juristische Person gegenüber Dritten verpflichten kann (Art. 1 Abs. 2 lit g);
- Schuldverhältnisse aus Verhandlungen vor Abschluss eines Vertrages (Art. 1 Abs. 2 lit. i).

Der Umstand, dass mangels Rechtswahlklausel immer das Recht des Verkäufers gilt, macht es einkaufsseitig erforderlich, Rechtswahlklauseln zur Grundlage eines Vertrags zu machen. Innerhalb der Europäischen Gemeinschaft ist dies nun immer möglich, denn aufgrund von Art. 3 Rom I VO können die Parteien frei das anzuwendende Recht wählen. Dabei sind die Parteien nicht auf die Wahl des Rechts ihrer eigenen Staaten beschränkt. Vielmehr können sie sich z.B. als Kompromiss auch auf das Recht eines dritten Staates einigen. Diesbezüglich bietet sich aus deutscher Sicht häufig das Schweizer Recht an. Der Vorteil des Schweizer Rechts liegt für die deutsche Vertragspartei in dem Umstand, dass sie sich von einem Schweizer Rechtsanwalt in deutscher Sprache beraten lassen kann. Da das Schweizer Recht kantonal zum Teil sehr unterschiedlich ist, sollte man aber das Recht eines Kantons (z.B. Züricher Stadtrecht) wählen.

Mit Vertragspartnern, die ihre Niederlassung in Staaten außerhalb der Europäischen Gemeinschaft haben, ist die Wirksamkeit einer vertraglich getroffenen Rechtswahl dagegen keinesfalls gesichert. Vereinbaren z.B. ein in Deutschland und ein in den USA ansässiges Unternehmen Züricher Stadtrecht, so würde ein deutsches Gericht Züricher Stadtrecht anwenden. Ein Gericht in den USA dagegen würde die Rechtswahl möglicherweise für unzulässig betrachten.

Zunächst ist diesbezüglich anzumerken, dass in den einzelnen Staaten der USA unterschiedliche Kollisionsnormen existieren. Danach können die Parteien in der Regel das Recht frei wählen, sofern zwischen dem Vertrag und dem gewählten Recht ein vernünftiger Zusammenhang besteht. Sofern das Vertragsverhältnis keinerlei Beziehungen zur Schweiz aufweist, wird ein solcher vernünftiger Zusammenhang kaum nachweisbar sein. Deshalb besteht in solchen Fällen durchaus das Risiko, dass ein amerikanisches Gericht vom Fehlen einer wirksamen Rechtswahlklausel ausgeht. Fehlt eine Rechtswahlklausel, wenden amerikanische Gerichte häufig das Recht des Ortes an, in dem der Vertrag verhandelt wurde oder in dem der Erfüllungsort liegt. Außerhalb Europas bleibt es also bei einer gewissen Unsicherheit hinsichtlich der Wirksamkeit von Rechtswahlklauseln.

Während der Verkäufer nach dem deutschen Recht die Frage der Rechtswahl nicht zum Thema der Vertragsverhandlungen machen muss, ist der Einkäufer praktisch gezwungen, diese Frage zu behandeln.

3.15.2 Kann ein ausführlicher Vertrag eine Rechtswahlklausel entbehrlich machen?

Aus Sicht eines deutschen Verkäufers ist eine Rechtswahlklausel entbehrlich. Ein deutscher Einkäufer sollte aber selbst mit dem ausgefeiltesten Vertrag nicht auf eine Rechtswahlklausel verzichten. Das problematischste an dem Verweis auf das Recht des Verkäufers ist (aus Sicht des Einkäufers!), dass sich dann auch die Wirksamkeit der Vertragsbedingungen nach dem ausländischen Recht beurteilt. Dies kann zur Folge haben, dass eine nach deutschem Recht durchaus zulässige Vertragsklausel nach dem ausländischen Recht unwirksam ist oder umgekehrt, dass z.B. eine nach deutschem Recht unwirksame Haftungsbeschränkungsklausel nach dem vereinbarten ausländischen überraschender Weise zulässig ist.

3.15.3 Wann findet das UN-Kaufrecht auf den Vertrag Anwendung?

Aufgrund von Art. 1 Abs. 1 UN-Kaufrecht (nachfolgend genannte Art. sind solche des UN-Kaufrechts) müssen die Parteien

1. ihre Niederlassung in verschiedenen Staaten haben,

und

2. diese Staaten entweder beide Vertragsstaaten des UN-Kaufrechtsübereinkommens sein (Art. 1 Abs. 1 a)

oder

3. die Regeln des internationalen Privatrechts zur Anwendung eines Vertragsstaates führen (Art. 1 Abs. 1 b).

Die erste Voraussetzung bedeutet, dass das UN-Kaufrecht zwischen zwei Vertragspartnern, die beide ihre Niederlassung in demselben Staat haben, keine Anwendung findet. Schließt ein deutsches Unternehmen mit einer in Deutschland ansässigen Tochtergesellschaft einer amerikanischen Konzernmutter einen Vertrag, kommt das UN-Kaufrecht somit nicht zur Anwendung, selbst wenn die Ware von der amerikanischen Konzernmutter aus dem Ausland nach Deutschland geliefert wird. Vermittelt die deutsche Tochtergesellschaft jedoch lediglich den Vertrag mit der amerikanischen Muttergesellschaft, so hätten die Vertragspartner ihre Niederlassung in verschiedenen Staaten, und das UN-Kaufrecht käme zur Anwendung.

In diesem Beispiel wäre aber auch die zweite Voraussetzung für die Anwendung des UN-Kaufrechts gegeben, denn sowohl die Bundesrepublik Deutschland als auch die Vereinigten Staaten von Amerika gehören zu den Vertragsstaaten des UN-Kaufrechtsübereinkommens. Sofern z.B. ein deutsches Unternehmen mit einem britischen Unternehmen einen Vertrag abschließt, ist die Voraussetzung, dass beide Vertragspartner ihre Niederlassung in einem Vertragsstaat haben müssen, nicht erfüllt, denn Großbritannien ist nicht Mitglied im UN-Kaufrechts-übereinkommen.

In diesem Fall findet das UN-Kaufrecht aufgrund von Art. 1 Abs. 1b) Anwendung, wenn die Regeln des internationalen Privatrechts zur Anwendung des deutschen Rechts und damit zur Anwendung des Rechts eines Vertragsstaates führen. Der Begriff des internationalen Privatrechts ist in diesem Zusammenhang jedoch irreführend, denn er suggeriert, dass es sich dabei um ein international gültiges Recht handelt. Dies ist jedoch nicht der Fall. Vielmehr hat jeder Staat für sich ein eigenes internationales Privatrecht.

Das internationale Privatrecht der Bundesrepublik Deutschland findet sich in dem bereits oben genannten EGBGB. Danach müsste das deutsche Gericht das UN-Kaufrecht anwenden, wenn die Parteien im Vertrag die Anwendung des deutschen Rechts vereinbart hätten. Fehlt eine solche Klausel, müsste das Gericht aufgrund von Art. 4 Abs. 1 lit a) Rom I VO britisches Recht anwenden. Da Großbritannien nicht Mitglied des UN-Kaufrechtsübereinkommens ist, wäre eine Anwendung des UN-Kaufrechts damit ausgeschlossen.

Aufgrund von Art. 1 Abs. 1 ist das UN-Kaufrecht auf Kaufverträge und aufgrund von Art. 3 Abs. 1 auch auf Werklieferungsverträge anzuwenden. Wie im BGB versteht man im UN-Kaufrecht unter einem Kaufvertrag einen Vertrag aufgrund dessen sich der Schuldner zur Lieferung einer bereits existierenden Sache verpflichtet (vgl. v. Caemmerer/Schlechtriem/Ferrai, Kommentar zum UN-Kaufrecht, 5. Aufl. 2008, Art. 1 Rd. 13;). Bezüglich künftiger Waren, die noch nicht entstanden sind handelt es sich entweder um einen Kaufvertrag unter der Bedingung, dass die Ware entsteht (d.h. der Verkäufer ist nur zur Lieferung verpflichtet, wenn die Sache entsteht) oder um einen Hoffnungskauf (d.h. der Käufer muss den Kaufpreis auch bezahlen, wenn die Sache nicht entsteht) oder um einen Werklieferungsvertrag (d.h. der Verkäufer verpflichtet sich, die Sache herzustellen und diese zu übereignen).

Beim Werklieferungsvertrag ist die Anwendung des UN-Kaufrechts aufgrund von Art. 3 Abs. 2 ausgeschlossen, wenn der Besteller einen wesentlichen Teil der notwendigen Rohstoffe selbst zur Verfügung stellt oder wenn der überwiegende Teil der Pflichten des Lieferanten in der Ausführung von Arbeiten oder Dienstleistungen besteht. Dies kann z.B. im Anlagenbau problematisch sein.

Nach der überwiegenden Meinung in der Literatur und Rechtsprechung ist das UN-Kaufrecht auch auf den Kauf von Computersoftware oder Know-How anzuwenden. Ausgenommen sind jedoch der Kauf von Rechten einschließlich der gewerblichen Schutzrechte sowie der Kauf von Immobilien und (in der Regel) der Kauf von Unternehmen im Ganzen.

Aufgrund von Art. 2 ist die Anwendung des UN-Kaufrechts darüber hinaus ausgeschlossen:

- beim Kauf im Rahmen von Verbrauchergeschäften
- bei Versteigerungen
- bei Zwangsvollstreckungs- und anderen gerichtlichen Maßnahmen
- beim Kauf von Wertpapieren oder Zahlungsmitteln
- beim Kauf von Seeschiffen, Binnenschiffen, Luftkissenfahrzeugen oder Luftfahrzeugen
- beim Kauf von elektrischer Energie (auf jede andere Energie ist das UN-Kaufrecht anzuwenden).

3.15.4 Kann man vereinbaren, dass das UN-Kaufrecht auch auf Werk- oder Dienstleistungsverträge Anwendung finden soll?

Grundsätzlich kann dies vertraglich vereinbart werden. Es fragt sich jedoch, ob es sinnvoll ist. Das UN-Kaufrecht ist für Kaufverträge und bestimmte Formen von Werklieferverträgen konzipiert. Wird dieses Regelungssystem auf andere Vertragstypen übertragen, kann es zu unsachgerechten Rechtsfolgen und zu Regelungslücken kommen. Eine vertraglich vereinbarte Anwendung des UN-Kaufrechts auf andere Vertragstypen sollte deshalb von einem erfahrenen Juristen durch ergänzende Regelungen flankiert werden.

3.15.5 Muss der Käufer nach dem UN-Kaufrecht im Falle der Nichtlieferung mahnen?

Nein. Eine Mahnung ist im UN-Kaufrecht entbehrlich. Dem Käufer stehen auch ohne Mahnung im Falle einer Nichtlieferung alle Rechte zu, die das UN-Kaufrecht bei Vertragsverletzungen gewährt.

3.15.6 Haftet eine Zwischenhändlerin nach dem UN-Kaufrecht für ihre Vorlieferanten?

Diese Frage war Gegenstand des Rebwachsfalls, den der Bundesgerichtshof 1999 zu entscheiden hatte. Diesem Fall lag folgender Sachverhalt zugrunde:

Eine österreichische Rebschule, die sich unter anderem mit der Aufzucht und Veredelung von Schnittreben sowie mit dem Handel von diesen beschäftigte, bestellte bei einem Zwischenhändler 5.000 kg Rebwachs. Der Zwischenhändler bestätigte die Bestellung. Beliefert wurde die Rebschule von dem Hersteller direkt. In der Folgezeit kam es an den mit dem Wachs behandelten Reben zu massiven Ausfällen. Insgesamt macht die Rebschule einen Schaden in Höhe von über 14 Mio. öS geltend. Die Zwischenhändlerin lehnte einen Ersatz mit der Begründung ab, die Schadensursache läge für sie als Zwischenhändlerin außerhalb ihres Einflussbereichs. Im Übrigen seien Schadensersatzansprüche aufgrund ihrer Allgemeinen Lieferbedingungen ausgeschlossen.

Der Bundesgerichtshof entschied in einem Urteil vom 24.03.1999 (AZ.: VIII ZR 121/98), dass sich die Zwischenhändlerin weder auf die Haftungsbefreiung des Art. 79 CISG noch auf die Haftungsbefreiung in den Allgemeinen Lieferbedingungen berufen könne, denn „so wie der Verkäufer bei Gattungsschulden dafür haftet, dass sein Vorlieferant ihn pünktlich beliefert, haftet er auch dafür, dass ihn sein Vorlieferant fehlerfrei beliefert". Auf die Allgemeinen Geschäftsbedingungen konnte sich der Zwischenlieferant nicht berufen, da sie Schadensersatzansprüche vollständig ausschlossen und deshalb gegen § 9 AGBG verstießen.

3.15.7 Haftet der Lieferant nach dem UN-Kaufrecht dafür, dass die Ware im Käufer- oder Verwenderstaat verkaufsfähig ist?

Diese Frage hatte der Bundesgerichtshof in einem Fall aus dem Jahre 1995 zu entscheiden. Diesem Fall lag folgender Sachverhalt zugrunde:

Eine deutsche Fischimportgesellschaft kaufte bei einer in der Schweiz ansässigen Vertriebsgesellschaft neuseeländische Muscheln. Da eine Untersuchung des zuständigen Veterinär-Untersuchungsamts ergab, dass die Muscheln aufgrund eines erhöhten Cadmiumgehalts im Sinne des § 17 Abs. 1 Nr. 1 des Lebensmittel- und Bedarfsgegenständegesetzes nicht mehr zum Verzehr geeignet waren, bezahlte die Fischimportgesellschaft den Kaufpreis nicht.

Der Bundesgerichtshof verurteilte die Fischimportgesellschaft in seinem Urteil vom 08.03.1995 (AZ.: VIII ZR 159/94) jedoch zur Zahlung. Der BGH führte in diesem Urteil unter anderem aus: „Es entspricht vielmehr ganz herrschender Meinung im Schrifttum, der sich der erkennende Senat anschließt, dass die Einhaltung besonderer öffentlich-rechtlicher Vorschriften im Käufer- oder Verwenderstaat vom Verkäufer grundsätzlich nicht erwartet werden kann". Weiter heißt es in der Entscheidung: „Auf bestimmte Vorgaben im Land des Käufers kann jedenfalls nur dann abgestellt werden, wenn sie ebenso im Verkäuferstaat bestehen oder wenn der Käufer den Verkäufer, was wohl im Rahmen des Art. 35 Abs. 2 lit. B UN-Kaufrecht zu prüfen wäre, auf sie hingewiesen hat und dabei auf dessen Sachkunde vertraute und vertrauen durfte oder möglicherweise wenn dem Verkäufer die einschlägigen Bestimmungen im vorgesehen Exportland aufgrund besonderer Umstände des Einzelfalls bekannt sind oder sein müssen."

4.0 Sonstige empfehlenswerte Verträge und Vereinbarungen im internationalen Einkaufsgeschäft

4.1 NDA – Non Disclosure Agreement/Geheimhaltungsvereinbarung

Da die meisten Vertragsbeziehungen in der Industrie hochsensibles Know-How tangieren, sind diesen Vertragsbeziehungen in der Regel Geheimhaltungsvereinbarungen vorgeschaltet. In der Praxis ist eine Vielzahl solcher Geheimhaltungsvereinbarungen jedoch nicht das Papier wert, auf welches sie gedruckt sind. Insbesondere zu pauschale Formulierungen in solchen Vereinbarungen führen zur Unwirksamkeit der gesamten Vereinbarung. Formulierungen wie „der Vertragspartner verpflichtet sich, sämtliche Informationen, die er aus dem Rechtsgeschäft erhält, geheim zu halten" sind derart pauschal, dass sie den Vertragspartner nicht wirksam verpflichten können. Nach einer solchen Vereinbarung wäre der Vertragspartner nämlich sogar verpflichtet, allgemein bekannte Informationen oder Informationen, die er selbst bereits im Vorfeld erhalten hatte, nicht weitergeben zu dürfen.

Problematisch an Geheimhaltungsvereinbarungen ist des Weiteren, dass sie in der Regel keine Aussage darüber treffen, was passieren soll, wenn gegen die Geheimhaltungsvereinbarung verstoßen wurde. Wenn die Vereinbarung diesbezüglich keine Regelungen enthält, so greift im Zweifel lediglich ein Anspruch auf Schadensersatz, wobei der Geschädigte den gesamten Umfang des Schadens nachzuweisen hat sowie ein Anspruch auf zukünftige Unterlassung. In beiden Fällen muss der Geschädigte jedoch nachweisen, dass der Vertragspartner gegen die Geheimhaltungsvereinbarung verstoßen hat. Hier reichen einfache Zweifel nicht aus. Insbesondere hat der Geschädigte gegen den Vertragspartner keinen Anspruch auf Auskunft, an wen der Vertragspartner möglicherweise Informationen aus dem Rechtsgeschäft weitergegeben hat. Aus diesen Gründen ist es in der Praxis sinnvoll, sogenannte Auskunftsansprüche in die Vereinbarung mit aufzunehmen und die Geheimhaltungsvereinbarung mit einer Vertragsstrafevereinbarung zu kombinieren.

Bei ausländischen Vertragspartnern ist insbesondere darauf zu achten, dass eine Regelung über das anzuwendende Recht getroffen wird, da ansonsten nach dem internationalen Privatrecht im Zweifel das Recht des Vertragspartners zur Anwendung kommt. Ob es nach diesem Recht im Falle der Verletzung einen Schadensersatz- oder einen Unterlassungsanspruch gibt, ist zweifelhaft.

Außerdem dürfen auch in Geheimhaltungsvereinbarungen Gerichtsstands- bzw. Schiedsgerichtsklauseln und salvatorische Klauseln nicht fehlen. Bei Gerichtsstandsvereinbarungen ist zu bedenken, dass eine streitige Auseinandersetzung vor einem Gericht in der Regel eine öffentliche Verhandlung mit sich zieht und somit geheimhaltungsbedürftige Informationen öffentlich werden. Deshalb sind insbesondere bei Geheimhaltungsvereinbarungen Schiedsgerichtsklauseln den Gerichtsstands-vereinbarungen vorzuziehen. Nur wenn sich keine Schiedsgerichts-vereinbarung treffen lässt, sollte auf eine Gerichtsstandsvereinbarung zurückgegriffen werden.

4.1.1 Empfehlungen zum Thema Know-How-Schutz

Neben der Anmeldung von Patenten und dem Registrieren eigener Marken ist es immer gut, wenn technologisches Know-How nicht zu 100% an Lieferanten in LCCs (Low Cost Countries oder Emerging Markets) weitergegeben wird. Sensible Komponenten sollten in Form einer „Black-Box" komplett im eigenen Unternehmen entwickelt bzw. gebaut werden und so den Lieferanten in LCC-Regionen beigestellt werden.

- Eine weitere Empfehlung ist die Vergabe von Aufträgen an „branchenfremde" Industriebereiche und die neutrale Anfrage (Entfernung des Firmenlogos).

- Die Überprüfung der zu übergebenden Dokumente, welche evtl. nicht weitergegeben werden dürfen.

- „Make" statt „Buy" in Asien, als Strategie für sensible Produkte.

- Achtung bei JV-Partnern: Alle Zeichnungen und Anweisungen die dem eigenen JV-Unternehmen vor Ort übergeben werden, gehören in China zum Beispiel der chinesischen Firma (Lizenzvertrag empfehlenswert).

- Keine sensiblen und kritischen Informationen nach China geben. Eventuell bieten sich hierfür andere asiatische Länder in Asien, wie zum Beispiel Singapur, an.

4.2 LOI
– Letter of Intent/Absichtserklärung und Nomination Letter

In der Industrie wird der Letter of Intent und neuerdings der Nomination Letter häufig im Bereich der Vertragsanbahnung verwendet. Ein richtiger Letter of Intent (LOI) stellt lediglich eine Absichtserklärung dar und bindet keinen der Vertragspartner zum Abschluss eines Vertrags. In der Praxis kommt es jedoch relativ häufig vor, dass ein Schriftstück als Letter of Intent bezeichnet wird, dessen Inhalt jedoch tatsächlich eine Bindungswirkung entfaltet. Erklärt der Einkäufer beispielsweise, dass er den Vertrag schließen wird, wenn der Lieferant bestimmte Bedingungen erfüllt, so stellt dies eine Bindungswirkung dar für den Fall, dass der Lieferant die Bedingungen erfüllt. Die Bezeichnung als Letter of Intent wäre insoweit nicht präzise und führt nicht dazu, dass diese Erklärung lediglich als Absichtserklärung gewertet würde.

So hat beispielsweise das Oberlandesgericht Nürnberg in einem Urteil vom 18. Februar 1993, AZ. 12 U 166/92 einem Softwarehersteller Vergütungsansprüche zugesprochen, obwohl der Einkäufer ihm lediglich einen Letter of Intent erteilt hatte. Dieser Letter of Intent hatte jedoch u.a. folgenden Inhalt: „Wir freuen uns, Ihnen mitzuteilen, dass die Geschäftsleitung ... dem Antrag zur Realisierung eines einheitlichen Textsystems für unser ganzes Haus grundsätzlich zugestimmt hat. Wir sind deshalb in der Lage, Ihnen eine feste Absichtserklärung für den Einsatz Ihres Systems ... abgeben zu können. Diese Absichtserklärung erfolgt vorbehaltlich des erfolgreichen Abschlusses der laufenden Vertragsverhandlungen bis ..."

Obwohl diese Erklärung deutlich macht, dass die Vertragsverhandlungen noch nicht abgeschlossen sind, hielt das Oberlandesgericht die Vorarbeiten für vergütungspflichtig.

Neben dem Letter of Intent nimmt nunmehr auch der Nomination Letter Einzug in das vorvertragliche Verhältnis. Seine Wirkungen gleichen jedoch denen des Letters of Intent. Die Nominierung des Lieferanten soll lediglich zum Ausdruck bringen, dass sich dieser in einem Wettbewerb mit anderen befindet und er in diesem Wettbewerb nach einem Auswahlverfahren immer noch Berücksichtigung findet. Auch beim Nomination Letter möchte der Einkäufer jedoch keine vertraglichen Verbindlichkeiten im Verhältnis zum nominierten Lieferanten eingehen. Dies hängt jedoch entscheidend – wie beim Letter of Intent – vom Inhalt der Erklärung ab. Wie beim Letter of Intent wird der Einkäufer auch beim Nomination Letter nicht davon ausgehen können, dass Vorleistungen, die vom Lieferanten erwartet werden, kostenfrei erfolgen, insbesondere wenn die zeitgerechte Ausführung des in Aussicht gestellten Vertrages ein Beginn der Arbeiten durch den Lieferanten voraussetzt.

Stellenwert des Letter of Intent im internationalen Umfeld

Der Letter of Intent im internationalen Umfeld, speziell in Asien, hat eine abgeschwächte Position. Überwiegend wird ein LOI wirklich nur als bloße Absichtserklärung gewertet, d.h. aber auch, dass der Lieferant in der Regel keine verbindlichen Aktionen (Materialvorbestellungen, Personaleinstellung, Kapazitätsvorhaltung etc.) allein nur auf Grundlage eines unterschriebenen LOI einleiten wird. Ist dies die Absicht des Einkäufers, so wird empfohlen, dies ausdrücklich zu vereinbaren. Damit bekommt aber der LOI eine wesentlich verbindlichere Aussage, und die Konsequenzen bei Nichterfüllung sind dann zu verhandeln.

4.3   QA – Quality Agreement/Qualitätssicherungsvereinbarung

Vertrauen ist gut. Kontrolle ist besser. LENIN

Dieses Zitat beschreibt sehr gut die Vorgehensweise bei Qualitätssicherungs- und Lieferantenentwicklungsmaßnahmen im internationalen Umfeld.

Die Probleme der Global-Sourcing-Beschaffung sind vielfältigster Art. Unternehmen beklagen vor allem die ungenügende Qualität, die Unzuverlässigkeit, die fehlende Transparenz über Beschaffungsmöglichkeiten, die unzureichenden Lieferzeiten sowie die Inflexibilität internationaler Lieferanten. Vielversprechend klingen dagegen die Aussagen von ausländischen Lieferanten auf Messen, in Prospekten oder bei Besuchen vor Ort.

In den meisten weltweiten Beschaffungsregionen kann man nicht darauf vertrauen, dass es ausreicht, einem Lieferanten gegenüber schriftlich oder mündlich eine Idee oder Vorstellung zu äußern, und dass diese dann automatisch umgesetzt wird. Das gesprochene Wort ohne Skizzen, Zeichnungen, Muster o.ä. reicht nicht aus, um ein Produkt zu erhalten, das den eigenen Ansprüchen genügt. Darüber hinaus ist der Unterschied zwischen Mustern und Serienprodukten häufig erheblich, auch die Kontinuität der Produkte hinsichtlich der Qualität und den Spezifikationen und (leider auch) den Preisforderungen stellt im internationalen Warenbezug ein großes Problem dar.

Schwierigkeiten im Rahmen des Einkaufsprozesses jedoch allein auf die ausländischen Lieferanten zu schieben, wäre nicht fair. Häufig treten hiesige Unternehmen mit deutschsprachigen Lastenheften, technischen Zeichnungen und Produktspezifikationen auf, die in Ländern außerhalb Deutschlands oder Europas, so zum Beispiel in China, schlichtweg nicht verstanden werden. Das Loslösen von der deutschen Sprache zu Gunsten der englischen sollte für einen Einkäufer langfristig zur Normalität werden. Angaben nach DIN oder ISO reichen oftmals nicht aus und führen nicht selten zu Missverständnissen. Bildmaterial und technische Skizzen, die auch dreidimensionale Ansichten enthalten, ersparen zeitaufwendiges Nachfragen des ausländischen Lieferanten. Jede Minute, die man bei der Bereitstellung von eindeutigen Spezifikationen, Lastenheften und Zeichnungen einspart, wird man später um ein Vielfaches mehr aufbringen müssen, um Qualitäts- und/oder Funktionsabweichungen zu beseitigen.

Es ist ein weitverbreiteter Irrglaube, dass die Produktion in China oder anderen Low-Cost-Ländern immer besonders günstig ist. Selbst wenn man an den Herstellungskosten sparen sollte, muss man überproportional in Qualitätssicherungsmaßnahmen investieren. Ohne Zweifel lohnt sich in den meisten Fällen der Einkauf von lohnintensiven Produkten in LCC-Ländern. Es ist jedoch zu beachten, dass beispielsweise viele Rohmaterialien in guter Qualität z.B. in China nicht bzw. kaum unter den Preisen in Europa und Amerika zu beziehen sind.

Wenn Einkäufer in sogenannten Low-Cost-Ländern Potenzial entdeckt haben und die ersten Kontakte zu den dortigen Lieferanten aufgenommen wurden, dann stellt sich sehr schnell die Frage nach der organisatorischen Positionierung, um gemeinsam notwendige Produkt- oder Produktionsanpassungen vorzunehmen und regelmäßige Qualitätsinspektionen sowie die Auftragsabwicklung durchzuführen. Eine Infrastruktur vor Ort, entweder in Form einer eigenen oder durch Nutzung von Dienstleistungen Dritter, ist unbedingt erforderlich. Ein Lieferanten- und Qualitätsmanagement allein vom Schreibtisch in Deutschland zu betreiben, führt in der Regel nicht zum Erfolg. Ferner hilft der unbedarfte eigene lokale Qualitätsmann oder Einkäufer auch nicht viel weiter. Auch in diesem Geschäft zählen Erfahrung und Kompetenz.

Qualitätssicherung in Low-Cost-Ländern – Vorbeugen ist besser

Vor Beginn der Produktion in Low-Cost-Ländern muss überlegt werden, welche Fehler auftreten können, mit welcher Wahrscheinlichkeit der jeweilige Fehler auftritt und welche Auswirkungen das Auftreten dieses Fehlers haben könnte. Danach werden die entsprechenden Gegenmaßnahmen geplant. Dabei kann festgelegt werden, wann welche Prüfungen mit welchem Ergebnis durchzuführen sind. Treten dennoch Fehler auf, was niemals ganz zu verhindern ist, so müssen die Ursachen ermittelt werden. Es sind entsprechende Maßnahmen zu treffen, damit ein solcher Fehler möglichst nicht mehr auftreten kann. Durch eine permanente Anpassung der Abläufe als Resultat der Ursachenermittlung kommt es zu einem kontinuierlichen Verbesserungsprozess, der eine Organisation in die Lage versetzt, immer besser den Anforderungen der Kunden zu entsprechen.

Vor der Vertragsunterzeichnung sollte in jedem Fall für beide Seiten klar sein, wer wann was zu tun hat, welche Dokumente zu erstellen sind, usw. Das beginnt bei der genauen Festlegung der Produktspezifikationen, geht über den Fertigungsprozess einschließlich aller durchzuführenden Prüfungen (unter Einbeziehung der Prüfmethoden, -protokolle, Zertifikate, evtl. Einbindung der Third Party etc.) und den Transport bis hin zur Zahlung. In der unten aufgeführten Abbildung ist eine allgemeine Darstellung für Qualitätsvereinbarungen mittels QCPT (Quality Control Procedures and Tests) dargestellt.

Quality Control Procedures and Tests (QCPT)

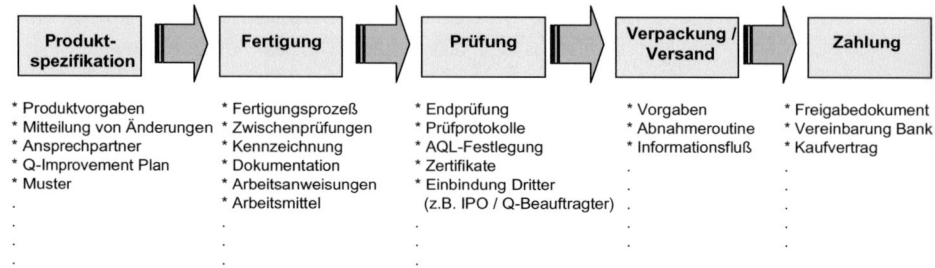

Produkt-spezifikation	Fertigung	Prüfung	Verpackung / Versand	Zahlung
* Produktvorgaben	* Fertigungsprozeß	* Endprüfung	* Vorgaben	* Freigabedokument
* Mitteilung von Änderungen	* Zwischenprüfungen	* Prüfprotokolle	* Abnahmeroutine	* Vereinbarung Bank
* Ansprechpartner	* Kennzeichnung	* AQL-Festlegung	* Informationsfluß	* Kaufvertrag
* Q-Improvement Plan	* Dokumentation	* Zertifikate	.	.
* Muster	* Arbeitsanweisungen	* Einbindung Dritter	.	.
.	* Arbeitsmittel	(z.B. IPO / Q-Beauftragter)	.	.
.	.	.	.	.
.	.	.	.	.

Abbildung: Übersicht über QCPT

Eine QCPT sollte individuell auf das Produkt und den Lieferanten zuge-schnitten sein. Darin werden alle wichtigen Phasen abgedeckt. Wie umfang-reich die einzelnen Punkte in der Qualitätsvereinbarung werden, hängt vom Einzelfall ab.

Qualität hat ihren Preis – oder: *You get what you are paying for*

Viele Unternehmen und Einkäufer unterliegen dem Irrglauben, Qualität zum Nulltarif zu bekommen. Jede Minute und jeder Euro, die im Bereich der prä-ventiven Qualitätssicherungsmaßnahmen eingespart werden, wird man später um ein Vielfaches mehr aufbringen müssen, um Qualitäts- und/oder Funktionsabweichungen zu beseitigen. Die Kosten für mangelnde Qualität sind nur in wenigen Unternehmen in ausreichendem Maße bekannt. Im Allgemeinen versteht man unter Qualitätskosten die Kosten zur Sicherstel-lung der Qualität sowie zur Fehlerbeseitigung z.B. in Form von

- Ausschuss
- Kosten der Wareneingangskontrolle
- Nacharbeit, Nachkontrolle
- Neuverpackung, Neuversand
- Gewährleistung etc.

Darüber hinaus gibt es die *versteckten* Qualitätskosten, die in kaum einem Unternehmen auch nur ansatzweise wirklich in die Kostenrechnung einfließen.

Gemessene Kosten	***Nicht gemessene Kosten***
• Prüfkosten	• *Entgangene Umsätze, ausgebliebene Kunden*
• Reklamationen	• *Lieferverzug*
• Ausschuss, Nacharbeit	• *Dispositionsfehler, volle Lager*
• Anlagenstillstände	• *Unproduktive Zeiten für Nacharbeit*
• Kulanz, Preisnachlässe	• *Schlechte Mitarbeitermotivation, Kundenverlust*

Zur Ermittlung der versteckten Kosten ist es erforderlich, mit Schätzungen bzw. Näherungen zu arbeiten, damit der Aufwand im Rahmen bleibt. Aber erst, wenn es gelingt, diese Kosten zu beziffern, erhält man eine Übersicht über die wirklichen Kosten aufgrund mangelnder Qualität. Dann ist zu entscheiden, welcher finanzielle und zeitliche Aufwand für die Qualitätskontrolle gerechtfertigt ist. Dabei hilft eine Szenarioanalyse, d.h. zu erkunden, welche Fehler entstehen können und welche Konsequenzen diese Fehler haben.

Für den Einkauf kann das z.B. heißen: genaue Wareneingangskontrolle bzw. schon beim Lieferanten die entsprechende Warenausgangskontrolle oder die Vereinbarung über prozessbegleitende Qualitätsmaßnahmen. Eine solche Warenausgangskontrolle (Third Party Outgoing Inspection) kann auch durch externe Organisationen durchgeführt werden.

4.3.1 Rechtliche Situation mit Qualitätssicherungsvereinbarungen

Aufgrund des zuvor Gesagten ist das primäre Ziel einer Qualitätssiche-rungsvereinbarung somit, dem einkaufenden Unternehmen die Möglichkeit zu geben, von Lieferanten qualitätssichernde Maßnahmen zu fordern. Um dieses Ziel zu erreichen, muss sich der Einkäufer oder seine Qualitätssiche-rungsabteilung für die Einführung eines entsprechenden Qualitätsmanage-mentsystems entscheiden und vom Vertragspartner verlangen, dass er die-ses einführt, unterhält und weiterentwickelt. Allgemeine Erklärungen wie: „Der Lieferant verpflichtet sich, ein dem Stand der Technik entsprechendes Qualitätssicherungsverfahren einzuführen", sind diesbezüglich keinesfalls ausreichend. Nur der Bezug auf ein entsprechendes normiertes Qualitätssi-cherungsmanagementsystem oder zumindest die eindeutige Festlegung bestimmter Qualitätsstandards gewährleisten, dass das eigentliche Ziel einer Qualitätssicherungsvereinbarung erreicht werden kann. Beim Bezug auf normierte Qualitätssicherungssysteme ist allerdings darauf zu achten, dass man sich auch auf ein für die Branche einschlägiges Qualitätsmana-gementsystem bezieht. Es macht wenig Sinn, einen Textilhersteller nach der Automobilnorm ISO/TS 16949 Hemden schneidern zu lassen. Hat man sich für ein entsprechendes Qualitätsmanagementsystem entschieden, geht es für das einkaufende Unternehmen darum, abzusichern, dass der Liefe-rant dieses System einhält und weiterentwickelt. Um dieses zu kontrollieren (insbesondere, wenn es zu Qualitätsproblemen kommt), wird sich das ein-kaufende Unternehmen das Recht zur Auditierung einräumen lassen. Zum Teil wird sogar vereinbart, dass der Lieferant einen Einsatz von Consulting Agencies oder Third Party Inspectors dulden muss und er ggf. verpflichtet ist, deren Vorschläge umzusetzen. Dies alles sind erhebliche und weitge-hende Eingriffe in die unternehmerische Freiheit des Lieferanten. Neben diesen qualitätssichernden Regeln sollte eine Qualitätssicherungsvereinba-rung aus Sicht des Einkäufers auch Regelungen bezüglich Vertragsverlet-zungen enthalten. Das Gesetz hält diesbezüglich in der Regel nur die Mög-lichkeit bereit, die versprochene Leistung gerichtlich einzufordern oder im Schadensfall Schadensersatz zu verlangen. Die vertragliche Vereinbarung, bei Nichteinhaltung der Qualitätssicherungsvereinbarung bereits bestellte Waren, ohne dass es bereits zu Qualitätsproblemen gekommen ist, zu stor-nieren oder zukünftige Warenlieferungen auf Kosten des Lieferanten durch einen Dritten herstellen zu lassen, bewirkt, dass der Käufer die Einhaltung und Weiterentwicklung des vereinbarten Qualitätssicherungssystems ein-fordern kann.

4.3.2 Erläuterung häufig verwendeter Qualitätssicherungsklauseln aus Sicht des Einkaufs

Nachfolgend soll anhand von Klauselbeispielen dargestellt werden, welche Funktion die entsprechende Klausel im Rahmen einer Qualitätssicherungsvereinbarung für ein einkaufendes Unternehmen hat. Die aufgeführten Klauseln beanspruchen dabei keinesfalls Universalität. Die Eignung einer bestimmten Klausel für den Einzelfall ist in jedem Fall gesondert zu prüfen. Auch die Wechselwirkung mit anderen Klauseln kann im Rahmen dieser Abhandlung nicht thematisiert werden.

Beispielklausel: Gegenstand der Vereinbarung

Gegenstand dieser Vereinbarung ist die Sicherstellung einer gleichbleibend hohen Qualität der zu liefernden Leistungen/Produkte und eine Reduktion von Doppelprüfungen. Die vorliegende Qualitätsmanagementvereinbarung ist unverzichtbarer Bestandteil des Rahmenvertrags vom _____.

Inhalt sind die grundsätzlichen Qualitätsforderungen und -regelungen, die sich aus einer Lieferbeziehung zwischen den Partnern ergeben. Die Qualitätsmanagementvereinbarung bezieht sich auf alle laufenden und zukünftigen Aufträge. Bei Widersprüchen gehen die Bedingungen dieser Vereinbarung vor.

Durch diese Klausel wird zunächst der Rahmen abgesteckt, in dem sich die Leistungen der Parteien bewegen. Außerdem bewirkt diese Klausel eine Klarstellung, dass die Qualitätssicherungsvereinbarung in Ergänzung zum bereits abgeschlossenen Rahmenvertrag Geltung erlangt und bei Widersprüchen die Qualitätssicherungsvereinbarung die speziellere Regelung ist.

Beispielklausel: Qualitätssicherungssystem

Der Auftragnehmer hat ein Qualitätssicherungssystem nach ISO/TS16949: 2002 aber mindestens nach DIN EN ISO 9001:2000 einzurichten, zu betreiben und weiterzuentwickeln.

Dies ist ein Beispiel für die Vereinbarung eines bestimmten Qualitätssicherungssystems. Wichtig ist in diesem Zusammenhang, dass der Lieferant nicht nur verpflichtet wird, ein solches System einzurichten. Die Verpflichtung sollte vielmehr auch den Betrieb und die Weiterentwicklung des Systems umfassen.

Im internationalen Umfeld ist darauf hinzuweisen, dass das Vorhandensein eines Qualitätssicherungssystems nach ISO/EN/DIN allein noch keine wiederkehrende und ausreichende Qualität der Produkte gewährleistet. Weitere Maßnahmen, Vereinbarungen und Überwachung der Vereinbarungen sind dazu erforderlich.

Beispielklausel: Audits

Der Auftragnehmer gestattet dem Auftraggeber und ggf. dessen Kunden, nach entsprechender Abstimmung mit dem Auftragnehmer Audits durchzuführen. Dies können System-, Prozess- oder Produktaudits sein. Dazu gewährt der Auftragnehmer dem Auftraggeber, dessen Kunden oder vom Auftraggeber beauftragten Personen während der üblichen Betriebs- und Geschäftsstunden ungehinderten Zutritt zu allen Fertigungsstätten, Prüfstellen, Lagern und angrenzenden Bereichen sowie Einsicht in alle qualitätsrelevante Dokumente. Der Auditor ist berechtigt, von den qualitätsrelevanten Dokumenten Kopien zu erstellen und diese mitzunehmen.

Eines der wichtigsten Kontrollinstrumente des einkaufenden Unternehmens ist die vertraglich vereinbarte Möglichkeit, beim Lieferanten Audits durchführen zu dürfen. Gerade bei dieser Klausel treffen jedoch fundamentale Interessen beider Parteien völlig konträr aufeinander. Auch wenn ein einkaufendes Unternehmen ein nachvollziehbares Interesse daran hat, von qualitätsrelevanten Dokumenten Kopien erstellen zu dürfen und diese mitzunehmen, ist diesbezüglich zu berücksichtigen, dass dadurch für den Lieferanten die erhebliche Gefahr eines Abzugs von Know-How besteht. Da ein Audit zum Teil mit erheblichen Kosten verbunden ist, müssen diese Kosten für jedes Teil korrekt kalkulierbar sein. Dafür ist es jedoch notwendig, im Rahmen einer Qualitätssicherungsvereinbarung klare Regelungen hinsichtlich der Kostenübernahme zu treffen. Diesbezüglich ist zu unterscheiden zwischen Audits, die einer turnusmäßigen Überprüfung des Lieferanten dienen und solchen, die aufgrund von Qualitätsproblemen entstehen. Die Kosten der turnusmäßigen Audits trägt in der Regel jede Partei selbst, die von Audits die aufgrund von Qualitätsproblemen veranlasst wurden, die Partei, die das Qualitätsproblem veranlasst hat.

Beispielklausel: Änderungen am Produkt, Prozess oder ähnliche Änderungen

Der Auftragnehmer ist nicht befugt, Änderungen an Produkten, Prozessen, technischen Daten, Spezifikationen, Materialien, Qualitätskriterien, Terminen, Liefermengen, Verlagerung von Fertigungsstandorten vorzunehmen.

Das gilt auch für Vereinbarungen, die wider Erwarten nicht mehr eingehalten werden können, auch dann, wenn die Abweichungen erst nach Auslieferung erkannt wurden. Der Auftraggeber ist in jedem Fall unverzüglich zu informieren. Grundsätzlich verpflichtet sich der Auftragnehmer, die schriftliche Zustimmung des Auftraggebers einzuholen. Im Falle einer ungenehmigten Änderung ist der Auftraggeber berechtigt, den entsprechenden Auftrag zu stornieren. Die Kosten, die dem Auftraggeber durch eine nicht genehmigte Abweichung entstehen, trägt der Auftragnehmer, weitergehende gesetzliche Ansprüche sind dadurch nicht ausgeschlossen. Die in diesem Zusammenhang bereits erbrachten vereinbarten Qualitätsnachweise müssen erneut nachgewiesen werden.

Auch die Änderungsklausel ist eine der zentralen Regelungen von Qualitätssicherungsvereinbarungen, bei denen die Interessen der Vertragspartner in entgegengesetzte Richtungen gehen. Diesbezüglich ist zunächst jedoch hervorzuheben, dass nach dem Grundsatz „pacta sund servanda" (Verträge sind zu halten) der Lieferant ohnehin nicht berechtigt ist, das Produkt zu ändern, soweit dieses vertraglich spezifiziert ist. Soweit ein Produkt hinsichtlich einzelner Eigenschaften nicht oder nicht ausreichend spezifiziert ist, darf der Lieferant das Produkt und den Herstellungsprozess grundsätzlich nach freiem Belieben ändern. Sieht die Spezifikation beispielsweise vor, dass ein Produkt aus Kunststoff zu sein hat, ohne diesen genauer zu beschreiben, kann der Lieferant in gewissen, im Einzelfall festzustellenden Grenzen die Zusammensetzung des Kunststoffs selbst bestimmen und ggf. auch ändern. Noch weitergehende Freiheiten hat der Lieferant in der Regel hinsichtlich des Produktionsprozesses. Hier hat der Kunde in der Regel überhaupt keine Möglichkeiten auf die Art der Herstellung oder den Standort der Herstellung einzuwirken. Da die Praxis aber täglich Beispielsfälle liefert, bei denen es letztlich als Folge von Änderungen am Material oder am Herstellungsprozess an ungeahnten Stellen in Wechselwirkung mit anderen Produkten zu Qualitätsproblemen kommt, hat der Kunde oftmals ein Interesse daran, Änderungen am Produkt oder am Herstellungsprozess grundsätzlich auszuschließen bzw. zumindest über solche Änderungen informiert zu werden und diese möglicherweise von einer Zustimmung abhängig zu machen.

Während für den Einkäufer jede Form von Änderungen immer das Risiko von Qualitätseinbrüchen mit sich bringt, ist der Lieferant u.a. aus Kostengründen und aus Gründen der technischen Fortentwicklung der Produkte gezwungen, sowohl die Produkte selbst als auch die Prozesse ständig zu optimieren und damit zu verändern. Zum Teil wird dies von ihm sogar aufgrund des Rahmenvertrags ausdrücklich gefordert. Dieser Verpflichtung kann der Lieferant wirtschaftlich aber nur nachkommen, wenn er nicht bei jeder Änderung die Zustimmung des Käufers benötigt. Da eine konsequente Befolgung dieser Verpflichtung auf beiden Seiten einen kaum zu rechtfertigenden bürokratischen Aufwand zur Folge hätte, verstößt der Lieferant in der Praxis permanent gegen diese vertragliche Verpflichtung. Auch wenn dies zum Teil im Widerspruch zu manchen normierten Qualitätssicherungssystemen steht, erscheint es deshalb in der Praxis durchaus sinnvoll, diese Zustimmungspflicht auf „qualitätsrelevante Änderungen" zu beschränken, wobei dem Lieferanten durchaus die Pflicht auferlegt werden kann nachzuweisen, dass eine Änderung nicht qualitätsrelevant ist.

Beispielklausel: Wechsel von Vorlieferanten

Der Auftragnehmer ist nur nach vorheriger schriftlicher Zustimmung durch den Auftraggeber berechtigt, den Vorlieferanten zu wechseln. Werden Vorlieferanten ohne schriftliche Zustimmung eingesetzt, ist der Auftraggeber berechtigt, den entsprechenden Auftrag zu stornieren (Kündigung aus wichtigem Grund). Die Kosten des Auftraggebers, die aufgrund eines nicht zulässigen Wechsels des Vorlieferanten anfallen, trägt der Auftragnehmer. Termin- und Fristverschiebungen werden nicht akzeptiert. Die in diesem Zusammenhang bereits erbrachten vereinbarten Qualitätsnachweise müssen erneut nachgewiesen werden.

Hinsichtlich der Änderung bei den Vorlieferanten gilt das zu Änderungen bezüglich des Produkts oder des Verfahrens Gesagte entsprechend. Solange der Lieferant in der Auswahl seiner Zulieferanten frei ist und das einkaufende Unternehmen sich lediglich eine Zustimmung zum Wechsel vorbehält, bleibt das Beschaffungsrisiko beim Lieferanten. Lediglich in den Fällen, in denen das einkaufende Unternehmen dem Lieferanten einen bestimmten Vorlieferanten vorschreibt, kann man erwägen, ob das Beschaffungsrisiko damit beim einkaufenden Unternehmen liegt.

Beispielklausel: Corrective Action Plan/Informationspflichten

Der Auftragnehmer wird unverzüglich nach Feststellung und Bekanntgabe von Qualitätsmängeln durch den Auftraggeber zu den Qualitätsmängeln Stellung nehmen unter Angabe von:

- *Umfang der von diesem Mangel betroffenen Leistung*
- *Ursachen dieses Mangels*
- *eingeleiteten bzw. geplanten Maßnahmen zur Abstellung des Mangels*
- *Terminen*

oder zusätzlich:

Bei Produktionsstörungen oder Ereignissen, die eine Beeinträchtigung der Qualität, des Liefertermins oder der Liefermenge der bestellten Produktionsmaterialien verursachen können, ist dem Auftraggeber unverzüglich eine Mitteilung zu machen, mit gleichzeitiger Benennung geeigneter Abstellmaßnahmen zur Gewährleistung beherrschter Prozessabläufe sowie einer kontinuierlichen Material- und Teileversorgung.
Der Auftragnehmer ist verpflichtet, fehlerhafte Teile entsprechend zu kennzeichnen und von spezifikationsgerechten Teilen zu separieren.
Sollte der Auftragnehmer in Notfällen nicht in der Lage sein, spezifikationsgerecht zu liefern, ist er verpflichtet, in jedem Fall vor der Lieferung eine schriftliche Sonderfreigabe des Auftraggebers einzuholen, welche auf Zeitraum oder Anzahl von Teilen beschränkt ist. In jedem Fall ist der Auftragnehmer verpflichtet, umgehend und gemäß den Absprachen den spezifikationsgerechten Zustand wiederherzustellen. Der Auftraggeber behält sich den Umständen entsprechend vor, auf einer 100%-Prüfung beim Auftragnehmer zu bestehen, bis der ursprüngliche Prozesszustand wieder erreicht ist. Die Kosten für diese 100%-Prüfung gehen zu Lasten des Auftragnehmers.

Der Auftragnehmer wird hiermit aufgefordert den Auftraggeber unverzüglich schriftlich über aufgetretene oder zu befürchtende Fertigungsprobleme, Änderungen im Beschaffungsmarkt oder Produktänderungen zu informieren, soweit sie die Qualität oder Zuverlässigkeit der Vertragsprodukte beeinträchtigen können.

Auch bei dieser Klausel ist darauf hinzuweisen, dass eine Vereinbarung allein kein Allheilmittel ist. Vereinbarungen müssen gelebt werden. Besonders in diesem Punkt – Informationspflichten – bedarf es mehrerer Anläufe bis ein rechtzeitiger und zuverlässiger Informationsfluss gewährleistet ist.

Die Verpflichtung, bereits bei „zu befürchtenden Fertigungsproblemen" oder bei „kaufmännischen Schwierigkeiten aller Art" zu informieren, geht zu weit und lässt sich in der Praxis kaum durchführen. Nähme man diese Verpflichtung ernst, müsste der Lieferant z.B. mitteilen, dass es aufgrund eines zu befürchtenden Streiks zu Fertigungsproblemen kommen könnte. Hinsichtlich der „kaufmännischen Schwierigkeiten aller Art" müsste der Lieferant z.B. mitteilen, dass er aufgrund von Liquiditätsengpässen seitens der Hausbank eine Weigerung der Darlehensverlängerung befürchtet. Solche Informationen führen, wenn sich die Befürchtungen letztlich als unbegründet herausstellen nur zu unnötiger Verunsicherung und bringen, selbst wenn sie begründet waren, auf Seiten des Einkaufs nur selten einen Vorteil.

Beispielklausel: Qualitätsstrategie

Der Auftraggeber erwartet vom Auftragnehmer eine Null-Fehler-Strategie. Als Grenzwert erhält der Auftragnehmer vom Auftraggeber eine PPM-Zielvorgabe, deren Erfüllungsgrad ein Maß für die kontinuierliche Qualitätsverbesserung darstellt und bei künftigen Auftragsvergaben und Preisverhandlungen Berücksichtigung findet.

Hinsichtlich der PPM-Vereinbarungen (Anzahl der fehlerhaften Teile bei 1 Mio. Teile) ergeben sich immer wieder Probleme bezüglich der Berechnung und der Konsequenzen, die beim Unterschreiten der PPM-Werte erfolgen können. Bei der Berechnung stellt sich z.B. die Frage, ob der PPM-Wert „50 PPM" bereits überschritten ist, wenn von 100.000 Stück 49 mangelhaft sind. Dies wird man wohl nicht annehmen können, denn wenn die restlichen 900.000 Stück mangelfrei geliefert werden, wurde der Wert unzweifelhaft nicht überschritten, es sei denn, man hätte „50 PPM pro Lieferung" vereinbart!

Beispielklausel: Ausgangsprüfungen

Ab der Serienlieferung verpflichtet sich der Lieferant, eine 100%-Warenausgangsprüfung am versandfertigen Teil für mindestens 90 Tage durchzuführen. Diese Prüfung ist wie folgt zu dokumentieren:

- *Kennzeichnung der Verpackungseinheit mit einem vom Fertigungsverantwortlichen unterschriebenen Etikett (Durchmesser 3-5 cm)*
- *Fehlersammelkarte und die daraus folgende Paretoanalyse (ABC-Analyse)*
- *kontinuierlicher Verbesserungsprozess (KVP) auf Basis der Ergebnisse aus der Paretoanalyse*
- *Bei Vorhandensein der gewünschten Qualität nach 90 Tagen kann die Prüfhäufigkeit sukzessive verringert werden.*

Dies ist ein Beispiel für konkrete qualitätssichernde Maßnahmen, die im Rahmen von Qualitätssicherungsvereinbarungen dem Lieferanten auferlegt werden können. Die Vereinbarung einer Ausgangsprüfung ist aber nur in den Fällen sinnvoll, in denen ein Herstellungsprozess nicht 100% sicher ist. Da bei wirklich sicheren Prozessen in der Regel beide Vertragspartner auf eine Ausgangkontrolle verzichten, sollte in diesen Fällen die entsprechende Regelung durch folgende Klausel ersetzt werden:

Beispielklausel: Prüfmethoden des Auftragnehmers im Rahmen der Serienüberwachung

Der Auftragnehmer gewährleistet durch geeignete Prüfmethoden entsprechend seiner Prüfplanung eine systematische Überwachung seiner Produktion. (Für die Serienüberwachung können, falls erforderlich, weitere programm- und produktspezifische Konzepte vereinbart werden.)

In der Serie stellt der Auftragnehmer durch Prüfungen an Dimension, Werkstoff, Funktions- und Gebrauchstauglichkeit sicher, dass die Produkte gemäß den technischen Vorgaben produziert werden, und kennzeichnet den Prüfstatus deutlich sichtbar an allen Gebinden, Behältern und Transportgestellen.

Der Auftragnehmer gewährleistet durch entsprechende Prüfungen, dass keine fehlerhaften Produkte zur Auslieferung kommen. Die gemäß Prüfplan angewandten Verfahren werden ausschließlich zu „0" durchgeführt.

Er vermindert das erhöhte Risiko des Auftraggebers durch geeignete Qualitätssicherungsmethoden und deren Ergebnisdokumentation. Zur Anwendung kommen dabei z.B.:

- *Fähigkeitsuntersuchungen*
- *Paretoanalysen*
- *Reklamationsstatistik*

Im Rahmen der Null-Fehler-Strategie sind die Prozessabläufe statistisch sicherzustellen. Dazu werden im Zuge der QVP entsprechend den Fertigungsprozessen des Auftraggebers Merkmale festgelegt, für die eine Fähigkeit nachgewiesen werden muss. Die Dokumentation wird durch Prozessregelkarten nachgewiesen ($C_{pk} \geq 1{,}67$). Für Fertigungseinrichtungen ist ebenfalls die Maschinenfähigkeit ($C_{mk} \geq 1{,}67$) in angemessenen Perioden zu ermitteln. Der Nachweis der Prozess- und Maschinenfähigkeit ist ebenso für den Unterauftragnehmer zu erbringen. Wird die geforderte Fähigkeit nicht erreicht, so ist automatisch eine 100%-Prüfung erforderlich. Gleichzeitig sind durch den Lieferanten Maßnahmen einzuleiten, um die geforderte Fähigkeit zu erreichen. Diese sind dem Auftraggeber mit einem Terminplan umgehend mitzuteilen.

Dies ist ein weiteres Beispiel für konkrete qualitätssichernde Maßnahmen, die im Rahmen von Qualitätssicherungsvereinbarungen dem Lieferanten auferlegt werden können.

Beispielklausel: Fehlerhafte Lieferungen

Fehlerhafte Lieferungen gehen zu Lasten des Auftragnehmers und werden mit einem Reklamationsbericht beanstandet. Kosten für Sortierarbeiten und Rückversand werden dem Auftragnehmer in Rechnung gestellt. Dies bezieht sich auch auf Kosten durch Terminverschiebung bei dem Endabnehmer.

Wird ein Mangel im Bereich der Wareneingangsprüfung entdeckt, hat der Auftraggeber das Recht auf Rücksendung der Lieferung zu Lasten des Auftragnehmers sowie Anspruch auf Erstattung der Sortierkosten und ggf. bei Terminzwängen auch auf eine Erstattung der Mehrkosten für die Ersatzbeschaffung und/oder Nacharbeit. Weist der Auftragnehmer nach, dass der Mangel auf einer fehlerhaften Weisung oder Anordnung des Auftraggebers beruht, entfallen diesbezüglich jegliche Kostenansprüche des Auftraggebers. Dies gilt nicht, wenn der Auftragnehmer die Fehlerhaftigkeit der Anweisung oder Anordnung erkannt hat oder hätte erkennen können.

Wird ein Mangel im Bereich der Fertigung festgestellt, hat der Auftraggeber einen Anspruch auf Erstattung der Sortierkosten, ggf. der Mehrkosten für die Ersatzbeschaffung oder Nacharbeit, der Kosten für den Ausschuss der abgearbeiteten und/oder fertig gestellten Produkte sowie Maschinenstillstände und die damit zusammenhängenden Personalkosten, es sei denn, der Auftragnehmer weist nach, dass der Mangel auf einer fehlerhaften Weisung oder Anordnung des Auftraggebers beruht. Trotz fehlerhafter Anweisung oder Anordnung des Auftraggebers haftet der Auftragnehmer, wenn der Auftragnehmer die Fehlerhaftigkeit der Anweisung oder Anordnung erkannt hat oder hätte erkennen können.

Vor einer Rückweisung und Einleitung von Sortieraktionen wird sich der Auftraggeber mit dem Auftragnehmer abstimmen. Dem Auftragnehmer sollen sinnvolle Maßnahmen zur Schadensbegrenzung ermöglicht werden mit dem Ziel, eine gemeinsame Vorgehensweise zu realisieren. Die Geltendmachung weitergehender Sachmängelhaftungsansprüche bleibt unberührt.

Für die Abwicklung von Sortieraktionen unter Einbeziehung externer Dienstleister, deren Einweisung und Beaufsichtigung von Personal ist der Auftragnehmer verantwortlich. Das Sortierergebnis muss innerhalb von 5 Arbeitstagen beim Auftraggeber vorliegen.

Diese Klausel gehört an sich als Gewährleistungs- bzw. Sachmängelhaftungsklausel in den Rahmenvertrag. Da in der Regel jeder Rahmenvertrag eines Kunden eine Gewährleistungs- bzw. Sachmängelhaftungsklausel enthält, sollte diese Klausel in der Qualitätssicherungsvereinbarung nicht vorkommen. Zum einen können Widersprüche zwischen Qualitätssicherungsvereinbarung und Rahmenvertrag dazu führen, dass weder die eine noch die andere Regelung gilt und deshalb ausschließlich auf die gesetzliche Rechtslage abzustellen ist. Zum anderen fällt der Abschluss einer Qualitätssicherungsvereinbarung nicht unbedingt in den Kompetenzbereich des Einkaufs, sondern eher in den des Qualitätssicherungsbeauftragten. Ob dieser jedoch die kaufmännischen Konsequenzen einer Sachmängelhaftungsklausel und mögliche Widersprüche zum Rahmenvertrag zutreffend erkennt, ist zweifelhaft. Nur wenn im Rahmenvertrag eine entsprechende Klausel wirklich fehlt, ist es aus Sicht eines Einkäufers sinnvoll, solche Klauseln zum Inhalt einer Qualitätssicherungsvereinbarung zu machen.

Beispielklausel: Rechtsbehelfe wegen nicht Einhalten des Qualitätssicherungsverfahrens und wegen Verstößen gegen Mitwirkungspflichten

Für den Fall, dass der Auftragnehmer wesentliche Anforderungen des vertraglich vereinbarten Qualitätssicherungsverfahrens nicht erfüllt oder der Auftragnehmer ohne Rechtsgrund die Erteilung von vertraglich geschuldeten wesentlichen Informationen verweigert oder der Auftragnehmer ohne Rechtsgrund die Durchführung eines vereinbarten oder vom Auftraggeber berechtigterweise geforderten Audits verweigert oder der Auftragnehmer sonstige wesentliche Mitwirkungspflichten verletzt, so hat der Auftraggeber unbeschadet seiner gesetzlichen Rechte das Recht:

- *die Annahme von bestellten Produkten so lange zu verweigern, bis der Auftragnehmer seinen Mitwirkungspflichten nachkommt bzw. nachweist, dass er das vertraglich vereinbarte Qualitätssicherungsverfahren einhält bzw. der Auftraggeber konkrete Korrekturmaßnahmen hinsichtlich des negativen Ergebnisses bei dem durchgeführten Audit unterbreitet.*
- *nach fruchtlosem Ablauf einer Nachfrist vom Serienliefervertrag insgesamt oder in Teilen zurückzutreten.*
- *Ersatz der zusätzlichen Aufwendungen zu verlangen, die dem Auftraggeber dadurch entstehen, dass er aufgrund der oben genannten Vertragsverletzungen eine Wareneingangsprüfung vorgenommen hat.*

Dies gilt nicht, wenn der Auftragnehmer die zuvor genannten Vertragsverletzungen nicht zu vertreten hat.

Hat der Auftragnehmer diese Vereinbarung aus anderen als den zuvor genannten Gründen verletzt, stehen dem Auftraggeber sämtliche gesetzlichen Ansprüche zu.

Dies ist eine der zentralen Regelungen einer Qualitätssicherungsvereinbarung, denn sie gibt dem einkaufenden Unternehmen hinsichtlich des Liefervertrags ein Zurückbehaltungs- bzw. Rücktrittsrecht, welches das Unternehmen allein auf der Basis des Gesetzes nicht hat. Auch die gesamten Kosten einer Aussortieraktion sind nicht in allen Fällen erstattungsfähig, sodass auch eine solche Regelung im Interesse des Einkäufers liegt.

Beispielklausel: Laufzeit, Gültigkeit

Diese Vereinbarung tritt mit ihrer Unterzeichnung in Kraft und gilt unbefristet. Sie kann mit einer Frist von 3 Monaten zum Ende eines Kalenderjahres von jedem der Vertragspartner mittels eingeschriebenen Briefs gekündigt werden. Eine solche Kündigung gilt jedoch nur für Projekte, die zwischen den Vertragsparteien zum Zeitpunkt der Kündigung noch nicht rechtsverbindlich vereinbart waren. Während der Laufzeit eines Projekts bzw. mehrerer Projekte kann diese Vereinbarung mit Wirkung für das laufende Projekt bzw. für mehrere laufende Projekte nur aus wichtigem Grund gekündigt werden. Die Kündigung dieser Vereinbarung bewirkt nicht automatisch die Kündigung des Rahmenvertrags.

Eine Kündigung des Rahmenvertrags bewirkt nicht automatisch auch die Kündigung dieser Vereinbarung. Die allgemeinen Bestimmungen des Rahmenvertrags, insbesondere Rechtswahl- und Gerichtsstands- bzw. Schiedsgerichtsvereinbarungen gelten auch bei Kündigung des Rahmenvertrags für diese Qualitätssicherungsvereinbarung fort.

Da eine Qualitätssicherungsvereinbarung ein Dauerschuldverhältnis ist und ein solches beim Fehlen einer Kündigungsklausel in der Regel nur aus wichtigem Grund gekündigt werden kann, empfiehlt es sich auch bei Qualitätssicherungsvereinbarungen eine Kündigungsfrist zu vereinbaren. Da aber eine Kündigung der Qualitätssicherungsvereinbarung laufende Projekte nicht gefährden darf, muss aufgenommen werden, dass eine Kündigung mit Wirkung für laufende Projekte nur aus wichtigem Grund zulässig ist. Außerdem stellt sich im Zusammenhang mit der Kündigung von Qualitätssicherungsvereinbarungen und/oder Rahmenverträgen immer die Frage, ob die Kündigung der einen Vereinbarung auch Auswirkungen auf die andere Vereinbarung hat. Diesbezüglich sind die unterschiedlichsten Möglichkeiten denkbar.

Beispielklausel: Nachträge

Ergänzungen, Löschungen oder Änderungen der Bestimmungen dieser Vereinbarung gelten nur dann als verbindlich für die Parteien, wenn sie schriftlich vorliegen und von den dazu ordnungsgemäß bevollmächtigten Vertretern beider Parteien unterzeichnet wurden. Alle Ergänzungen, Löschungen oder Änderungen müssen sich konkret auf diese Vereinbarung beziehen.

Diese oder ähnliche Schriftformklauseln finden sich in einer Vielzahl von Verträgen. Diesbezüglich sollte man jedoch bedenken, dass Änderungen der Qualitätssicherungsvereinbarung mittels E-Mail aufgrund dieser Nachträgeklausel nicht wirksam wären, es sei denn, die E-Mail wäre unterschrieben. Gerade Änderungen hinsichtlich der Prüfgenauigkeit und Ähnliches werden in der Praxis jedoch häufig per E-Mail vereinbart. Aufgrund der Änderungsklausel wären diese Vereinbarungen allerdings grundsätzlich unwirksam.

Beispielklausel: Teilnichtigkeit

Sollten einzelne Bestimmungen dieser Vereinbarung unwirksam sein, wird die Wirksamkeit der übrigen Bestimmungen hiervon nicht berührt. Statt der unwirksamen Bestimmung gilt das Gesetz. Sofern das Gesetz eine Regelungslücke aufweist, ist diese im Wege der ergänzenden Auslegung unter Berücksichtigung der wirtschaftlichen Interessen des Auftraggebers zu schließen.

Wie jeder Vertrag sollten auch Qualitätssicherungsvereinbarungen eine so genannte „salvatorische Klausel" enthalten. Diese könnte z.B. auch über die Einbeziehung des Rahmenvertrags zum Gegenstand der Qualitätssicherungsvereinbarung gemacht werden. Fehlt eine solche Klausel und ist eine Klausel des Vertrags unwirksam, so ist aufgrund von § 139 BGB im Zweifel davon auszugehen, dass der gesamte Vertrag nichtig ist.

Beispielklausel: Vertragssprache

Die Vertragssprache ist Englisch.

Sofern es Übersetzungen der Qualitätssicherungsvereinbarung in andere Sprachen gibt, sollte in jedem Fall festgelegt werden, bei welcher sprachlichen Fassung es sich um den verbindlichen Text handelt.

4.4 Werkzeugverträge

Werkzeuge sind die Grundvoraussetzung für eine wirtschaftliche Serien-produktion. Der Besitz der Werkzeuge und die Möglichkeit, diese einzuset-zen, entscheidet darüber, wer das Produkt produziert[1]. Aus der Sicht des Lieferanten besteht somit ein wesentliches Interesse daran, die Werkzeuge so lange in Besitz halten zu dürfen, wie er produzieren möchte. Das einkau-fende Unternehmen hingegen möchte bei der Auswahl der Lieferanten eine größtmögliche Flexibilität und deshalb das Recht, die Werkzeuge jederzeit herauszuverlangen, um einen anderen Lieferanten mit der Produktion be-auftragen zu können. Eine Funktion von Werkzeugverträgen besteht des-halb darin, das Spannungsfeld der Besitzverhältnisse am Werkzeug zwi-schen den Parteien zu regeln.

Eine weitere Funktion besteht in der eindeutigen Zuweisung des Eigentums an den Werkzeugen. Da es sich bei den Werkzeugen in der Regel um hochwertige Produktionsmittel handelt, besteht bereits aus steuerrechtlicher Sicht ein erhebliches Interesse an einer zweifelsfreien Zuordnung des Ei-gentums an den Werkzeugen. Auch die Möglichkeit, die Herausgabe des Werkzeugs verlangen zu können, hängt in der Regel an der Eigentümerstel-lung, wobei diesem Anspruch möglicherweise ein vertraglich vereinbartes Recht zum Besitz entgegenstehen kann.

In der Praxis kommen insbesondere folgende Sachverhalte vor:

a) Der Kunde erteilt dem Lieferanten den Auftrag, ein Werkzeug her-zustellen und dieses für die Produktion von Serienteilen einzusetzen. Dieses Werkzeug wird zu 100% oder zu einem Teil vom Kunden be-zahlt, und der Kunde soll Eigentümer des Werkzeugs werden.

b) Der Kunde erteilt dem Lieferanten den Auftrag, ein Werkzeug her-zustellen und dieses für die Produktion von Serienteilen einzusetzen. Dieses Werkzeug wird zu 100% oder zu einem Teil vom Kunden be-zahlt. Der Lieferant soll Eigentümer des Werkzeugs bleiben.

c) Der Kunde erteilt dem Lieferanten den Auftrag, ein Werkzeug her-zustellen und dieses für die Produktion von Serienteilen einzusetzen. Der Kunde bezahlt keine Werkzeugkosten. Diese werden über den Tei-

---

[1] Graf v. Westphalen, Partnerschaftliche Lieferbeziehungen – Ein Beispielsfall, in: BetriebsBerater 2000, Seite 1529, 1532

lepreis amortisiert. Der Lieferant soll Eigentümer des Werkzeugs bleiben.

d)   Dem Lieferanten wird vom Kunden ein im Eigentum des Kunden stehendes Werkzeug beigestellt.

Am häufigsten dürfte in der Praxis die erste Konstellation vorkommen. Solche Verträge sind in erster Linie Werklieferungsverträge. Dies bedeutet, der Lieferant ist verpflichtet, das Werkzeug herzustellen und gegen Zahlung des vereinbarten Preises das Eigentum an dem Werkzeug zu übertragen.

Da es in den Fällen b), c) und d) aber an einer Eigentumsübertragung fehlt, handelt es sich bei diesen Fällen nicht um einen Werklieferungsvertrag, vielmehr wird man die Fälle b) und c) als Nebenpflichten aus dem Serienliefervertrag einzuordnen haben.

Bei Fall d) handelt es sich um einen Werkzeugleihvertrag. Zum Teil findet man bei Fall d) auch die Vereinbarung, dass das Werkzeug für den Kunden „verwahrt" wird. Dies erscheint nicht sachgerecht, denn bei einem Verwahrvertrag besteht die Hauptpflicht des Vertrags in der Obhutspflicht. Etwas in seine „Obhut" zu nehmen bedeutet in erster Linie darauf zu achten, dass es keinen Schaden nimmt und sich nicht abnutzt, was in der Regel eine eigene Nutzung der Sache ausschließt.

Die Kenntnis der Rechtsnatur des Vertrags ist für das Verständnis der einander geschuldeten Leistung von grundlegender Bedeutung. Die Einordnung als Werklieferungsvertrag z.B. bewirkt, dass der Kunde bei Mängeln am Werkzeug vom Lieferanten die Reparatur des Werkzeugs verlangen kann. Handelt es sich jedoch lediglich um eine Nebenpflicht aus dem Serienliefervertrag, so kann der Kunde nicht die Reparatur des Werkzeugs verlangen. Ihm bleibt dann lediglich ein Schadensersatzanspruch, wenn aufgrund des mangelhaften Werkzeugs ein Schaden entsteht, es sei denn, der Kunde hat abweichend zum Gesetz eine entsprechende vertragliche Vereinbarung getroffen.

4.4.1   Wer ist Eigentümer der Werkzeuge?

Die Frage nach den Eigentumsrechten an einem Werkzeug stellt sich im Grunde nur dann, wenn der Lieferant oder in dessen Auftrag ein Dritter das Werkzeug herstellt und dieses dann im Besitz des Lieferanten bleibt. Probleme treten bei diesen Sachverhalten häufig dadurch auf, dass die Parteien rechtsirrtümlich davon ausgehen, das Eigentum an den Werkzeugen gehe mit Zahlung des vereinbarten Preises automatisch auf den Kunden über. Für den Eigentumsübergang in Deutschland ist es aufgrund von § 929 Satz 1 BGB jedoch notwendig, dass die Sache übergeben wird. § 929 Satz 1 BGB lautet:

> „Zur Übertragung des Eigentums an einer beweglichen Sache ist erforderlich, dass der Eigentümer die Sache dem Erwerber übergibt und beide darüber einig sind, dass das Eigentum übergehen soll."

Die Einigung hinsichtlich des Eigentumsübergangs findet sich in der Regel in dem Auftrag bzw. dem Vertrag. Das Problem ergibt sich jedoch aus der gesetzlichen Notwendigkeit, die Sache dem Erwerber zu übergeben, denn der Lieferant als Hersteller des Werkzeugs soll ja im Besitz des Werkzeugs bleiben, um damit Serienteile zu fertigen. Demnach würde es aber an der von § 929 Satz 1 BGB notwendigen Übergabe fehlen und somit ein Eigentumsübergang nicht eintreten. Deshalb erfolgt die Eigentumsübertragung in der Praxis in der Regel nach § 930 BGB. § 930 BGB lautet:

> „Ist der Eigentümer im Besitz der Sache, so kann die Übergabe dadurch ersetzt werden, dass zwischen ihm und dem Erwerber ein Rechtsverhältnis vereinbart wird, vermöge dessen der Erwerber den mittelbaren Besitz erlangt."

Eine Definition des „mittelbaren Besitzes" im Sinne von § 930 BGB findet sich in § 868 BGB. Dieser lautet:

> „Besitzt jemand eine Sache als Nießbraucher, Pfandgläubiger, Pächter, Mieter, Verwalter oder in einem ähnlichen Verhältnis, vermöge dessen er einem anderen gegenüber auf Zeit zum Besitz berechtigt oder verpflichtet ist, so ist auch der andere Besitzer (mittelbarer Besitzer)."

Soll der Lieferant im Besitz des Werkzeugs bleiben, ist es für eine Eigentumsübertragung nach § 930 BGB somit erforderlich, dass zusätzlich zu dem Auftrag, das Werkzeug herzustellen, zwischen den Parteien ein Rechtsverhältnis vereinbart wird, „vermöge dessen" der Lieferant dem Kunden gegenüber „auf Zeit zum Besitz berechtigt oder verpflichtet ist". Dies geschieht in der Regel durch die Vereinbarung eines so genannten „Werkzeugleihvertrags".

Fehlt die Vereinbarung eines Rechtsverhältnisses im Sinne von § 868 BGB, geht das Eigentum trotz Einigung und trotz Zahlung des vollen Preises nicht auf den Kunden über. Dies hat zunächst steuerrechtlich zur Folge, dass beide Parteien möglicherweise das Werkzeug falsch bilanzieren, zum anderen kann es in der Insolvenz des Lieferanten zur Folge haben, dass der Kunde das Werkzeug nicht herausverlangen kann. An dieser Stelle sei darauf hingewiesen, dass die Parteien durchaus auch eine Werkzeugkostenanteilzahlung vereinbaren können und trotzdem nach Zahlung des Werkzeugkostenanteils das Eigentum auf den Kunden übergehen soll. Denkbar wäre sogar die Vereinbarung, dass das Eigentum an dem Werkzeug ohne Zahlung auf den Kunden übergehen soll. Für den Eigentumsübergang ist lediglich die Einigung hinsichtlich des Eigentumsübergangs und die Übergabe bzw. eine Vereinbarung im Sinne von § 939 BGB entscheidend.

Die zuvor dargestellte Problematik stellt sich bei den oben genannten Sachverhalten b), c) und d) nicht. In den Fällen b) und c) soll der Lieferant ohnehin Eigentümer bleiben, im Fall d) war der Kunde bereits Eigentümer.

Eine besondere Problematik hinsichtlich der Eigentumsfrage stellt sich, wenn sich das Werkzeug im Ausland befindet. In diesem Fall bestimmen sich die Eigentumsrechte nämlich nach dem Recht des Landes, in dem sich das Werkzeug befindet. Dies wird auch nicht durch die vertragliche Vereinbarung des deutschen Rechts umgangen, denn das deutsche Recht selbst verweist bezüglich dieser Frage auf das ausländische Recht (siehe Art. 43 Abs. 1 EGBGB). Weitere Ausführungen zu diesem Problem finden Sie unter 4.4.4. bei der Erörterung der Klausel zum anwendbaren Recht.

4.4.2 Rechtliche Situation ohne Werkzeugvertrag

Ohne Werkzeugvertrag wird aufgrund von § 1006 Absatz 1 Satz 1 BGB vermutet, dass der Besitzer des Werkzeugs (der Lieferant) Eigentümer des Werkzeugs ist. Bereits dieser Umstand verdeutlicht, dass der Kunde, der die gesamten Werkzeugkosten bezahlt hat, ein erhebliches Interesse daran hat, seine Eigentümerstellung nachweisen zu können. An dieser Stelle sei nochmals ausdrücklich darauf hingewiesen, dass der Nachweis der Zahlung der Werkzeugkosten allein die Vermutung des § 1006 BGB nicht entkräftet. Vielmehr muss der Kunde in der Lage sein, nachzuweisen, dass er mit dem Lieferanten eine Vereinbarung bezüglich der Einräumung des mittelbaren Besitzes getroffen hat.

Kann der Kunde seine Eigentümerstellung z.B. durch den Nachweis des Abschlusses eines Werkzeugleihvertrags belegen, stellt sich die Frage, wie die Rechtslage hinsichtlich der Instandhaltungs- und Wartungskosten sowie hinsichtlich der Berechtigung, jederzeit die Herausgabe der Werkzeuge verlangen zu können, aussieht.

Käme ein Gericht zu dem Ergebnis, dass die Parteien einen Werkzeugleihvertrag geschlossen haben, so wäre der Lieferant aufgrund von § 601 BGB verpflichtet, die „gewöhnlichen Kosten der Erhaltung der geliehenen Sache" zu tragen. Dies sind insbesondere Betriebskosten wie Schmiermittel und Reinigung. Aufgrund von § 602 BGB hat der Lieferant aber

> „Veränderungen oder Verschlechterungen der geliehenen Sache, die durch den vertragsgemäßen Gebrauch herbeigeführt werden, (...) nicht zu vertreten."

Dies bedeutet, dass die Wartungs- und Instandhaltungskosten, die als Folge der Nutzung des Werkzeugs zur Serienfertigung entstehen, dann vom Eigentümer des Werkzeugs (also vom Kunden) zu tragen sind.
Bezüglich möglicher Herausgabewünsche des Kunden sind § 604 BGB (Rückgabepflicht) und § 605 BGB (Kündigungsrecht) zu beachten. Aufgrund von § 604 Absatz 2 BGB ist, sofern die Parteien keinen konkreten Zeitpunkt für eine Rückgabe des Werkzeugs vereinbart haben, das Werkzeug zurückzugeben,

> „nachdem der Entleiher den sich aus dem Zweck der Leihe ergebenden Gebrauch gemacht hat. Der Verleiher kann die Sache schon vorher zurückfordern, wenn so viel Zeit verstrichen ist, dass der Entleiher den Gebrauch hätte machen können."

Dies bedeutet, dass der Lieferant zumindest für die Laufzeit des Serienlie-ferverertrags und mit dessen Beendigung darüber hinaus für die Zeit der Verpflichtung zur Ersatzteilbelieferung bzw. zumindest für den Ablauf der Verjährungsfrist hinsichtlich Sachmängelhaftungsansprüche das Werkzeug in seinem Besitz behalten darf. Folglich kann der Lieferant dem Kunden, der als Eigentümer aufgrund von § 985 BGB die Herausgabe des Werkzeugs verlangt, gemäß § 986 BGB ein Recht zum Besitz aus dem Leihvertrag entgegenhalten.

Diese Einwendung wäre aber nicht möglich, wenn der Kunde den Leihvertrag kündigen könnte, denn mit der Kündigung entfiele ab dem durch die Kündigung bestimmten Beendigungszeitpunkt das Recht zum Besitz. Sofern vertraglich kein anderweitiges Kündigungsrecht vereinbart ist, kann der Kunde aufgrund von § 605 BGB den Werkzeugleihvertrag kündigen:

1. wenn er infolge eines nicht vorhersehbaren Umstands der verliehenen Sache bedarf,

2. wenn der Entleiher einen vertragswidrigen Gebrauch von der Sache macht, insbesondere unbefugt den Gebrauch einem Dritten überlässt, oder die Sache durch Vernachlässigung der ihm obliegenden Sorgfalt erheblich gefährdet,

3. wenn der Entleiher stirbt.

Damit ist der Kunde, sofern vertraglich nichts anderes vereinbart ist, nur in einem sehr beschränkten Umfang berechtigt, den Werkzeugleihvertrag zu kündigen.

4.4.3   Rechtliche Situation mit Werkzeugvertrag

Aufgrund des zuvor Gesagten ist aus der Sicht eines einkaufenden Unternehmens das primäre Ziel eines Werkzeugvertrags somit, dem einkaufenden Unternehmen die Eigentümerstellung zu sichern und Möglichkeiten zu geben, vom Lieferanten auf dessen Kosten Wartungs- und Instandhaltungsarbeiten zu verlangen sowie seine Herausgabewünsche vertraglich abzusichern.

4.4.4   Erläuterung häufig verwendeter Werkzeugvertragsklauseln aus Sicht des Einkaufs

Nachfolgend soll anhand von Klauselbeispielen dargestellt werden, welche Funktion die entsprechende Klausel im Rahmen eines Werkzeugvertrags für ein einkaufendes Unternehmen bzw. für den Lieferanten hat. Die aufgeführten Klauseln beanspruchen dabei keinesfalls Universalität. Die Eignung einer bestimmten Klausel für den Einzelfall, ist in jedem Fall gesondert zu prüfen. Auch die Wechselwirkung mit anderen Klauseln kann im Rahmen dieser Abhandlung nicht thematisiert werden.

Beispielklausel: Gegenstand der Vereinbarung

Der Lieferant ist verpflichtet, die Werkzeuge und Formen gemäß den Zeichnungen und Spezifikationen in Anlage 1 und 2 herzustellen und das Eigentum an diesen Werkzeugen und Formen auf den Auftraggeber zu übertragen. Die vollständige oder teilweise Fertigung der Formen oder Werkzeuge durch Dritte im Auftrag des Lieferanten bedarf der vorherigen schriftlichen Zustimmung des Auftraggebers, wobei der jeweilige Dritte gegenüber dem Auftraggeber zu benennen ist.

Durch diese Klausel wird zunächst klargestellt, dass es sich bei dem Werkzeugvertrag um einen Werklieferungsvertrag im Sinne des § 651 BGB handelt. Dies ist insbesondere für den Kunden von Vorteil, denn damit steht zumindest fest, dass der Kunde gegen den Lieferanten einen Anspruch auf Übertragung des Eigentums hat. Selbst wenn die Eigentumsübertragung im Einzelfall aus welchen Gründen auch immer gescheitert sein sollte, bliebe dem Kunden damit zumindest der Anspruch auf Eigentumsübertragung.

Beispielklausel: Eigentumsübertragung

Die Parteien sind sich darüber einig, dass mit der vollständigen Bezahlung der Werkzeuge und Formen diese in das uneingeschränkte Eigentum des Auftraggebers übergehen. Dasselbe gilt auch, wenn die Werkzeuge und Formen nach Konstruktionen des Lieferanten hergestellt werden. Die Übergabe der Werkzeuge und Formen an den Auftraggeber wird durch die Aufbewahrungspflicht und die leihweise Überlassung der Fertigungsmittel zur Ausführung der Aufträge des Auftraggebers an den Lieferanten ersetzt.
Der Lieferant kennzeichnet die im Eigentum des Auftraggebers stehenden Werkzeuge und Formen mit dem Aufdruck „Eigentum von Firma (Auftraggeber)" und der Auftraggeber-Mat.-Nr. Der Lieferant führt ein Bestandsverzeichnis über sämtliche sich im Eigentum des Auftraggebers befindlichen Formen und Werkzeuge.

Diese Formulierung bewirkt, dass die Zuordnung der Eigentumsrechte an dem Werkzeug eindeutig und zweifelsfrei möglich ist. Die Kennzeichnung der Werkzeuge als Eigentum des Kunden bewirkt insbesondere einen Vollstreckungsschutz gegen den Zugriff von Gläubigern des Lieferanten.

Beispielklausel: Herausgabe von Werkzeugen und Formen

Unbeschadet der gesetzlichen Herausgabeansprüche des Auftraggebers ist der Lieferant verpflichtet, dem Auftraggeber auf erstes Anfordern die bereits in das Eigentum des Auftraggebers übergegangenen Formen und Werkzeuge herauszugeben, es sei denn, der Lieferant benötigt diese noch zur Abwicklung bzw. Ausführung eines Auftrags für den Auftraggeber.
Ungeachtet ggf. noch bestehender Lieferverpflichtungen des Lieferanten kann der Auftraggeber die sofortige Herausgabe der in ihrem Eigentum stehenden Formen und Werkzeuge verlangen, wenn

- *der Lieferant seine Zahlungen einstellt oder über sein Vermögen das Insolvenzverfahren beantragt wird oder*

- *der Lieferant nicht in der Lage ist, seinen Lieferverpflichtungen hinsichtlich der mit den Formen und Werkzeugen herzustellenden Produkte nachzukommen oder*

- *der Lieferant aus Gründen, die er zu vertreten hat, die jeweils vereinbarten Lieferzeiten für die Produkte, die mit den Formen und Werkzeugen hergestellt werden, wiederholt auch nach Ablauf einer angemessenen Nachfrist nicht einhält oder*

- der Lieferant wiederholt eine Vertragspflicht aus dieser Vereinbarung oder aus den Verträgen über die Lieferung der Produkte, die mit den Formen und Werkzeugen hergestellt werden (z.B. Bestellung, Rahmenvertrag, Qualitätssicherungsvereinbarung, Geheimhaltungsvereinbarung), verletzt hat.

Sollte der Lieferant, egal aus welchen Gründen, nicht mehr lieferfähig sein, darf der Auftraggeber die Herausgabe der Werkzeuge bzw. Formen auch vor deren vollständiger Bezahlung Zug um Zug gegen Restzahlung verlangen. Ein etwaiges Zurückbehaltungsrecht des Lieferanten ist dann ausgeschlossen.

Im Falle eines Abzugs eines Werkzeugs/einer Form sind die zur Peripherie gehörenden Hilfsmittel einschließlich der Konstruktionsunterlagen mit herauszugeben.

Derartige Klauseln stellen bereits einen Kompromiss zwischen den Interessen des Kunden und denen des Lieferanten dar. Da ein jederzeitiges Herausgaberecht eine unangemessene Benachteiligung des Lieferanten darstellen würde, wird in dieser Klausel zwischen Sachverhalten differenziert, die eine sofortige Herausgabe rechtfertigen und solchen, bei denen der Lieferant noch bis zur Erfüllung seiner Verbindlichkeiten ein Recht zum Besitz zusteht.

Beispielklausel: Exklusivität

Der Lieferant verpflichtet sich, die Formen und Werkzeuge ausschließlich für Aufträge des Auftraggebers zu verwenden. Eine anderweitige Benutzung setzt die vorherige schriftliche Zustimmung seitens des Auftraggebers voraus.

Diese Klausel ist für den Kunden nur dann unproblematisch, wenn der Kunde auch tatsächlich Eigentümer des Werkzeugs ist.

In den Fällen, in denen ein Lieferant auch für andere Kunden mit dem Werkzeug produzieren möchte und er dies kaufmännisch beim Kunden durchsetzen kann, sollte dies ausdrücklich im Vertrag geregelt werden. Denkbar wäre diesbezüglich folgende Klausel:

Der Lieferant ist berechtigt, mit den Werkzeugen die vertragsgegenständlichen Produkte auch für andere Kunden herzustellen.

Beispielklausel: Wartung und Instandhaltung

Der Lieferant ist verpflichtet, alle die Werkzeuge betreffenden und erforder-
lichen Wartungs- und Inspektionsarbeiten sowie alle Instandhaltungs- und
Instandsetzungsarbeiten inklusive aller notwendigen Ersatzbeschaffungen
auf eigene Kosten rechtzeitig durchzuführen. Etwaige, die Werkzeuge be-
treffende, Störfälle sind dem Auftraggeber sofort anzuzeigen.

Wird im Rahmen einer Individualvereinbarung die zuvor aufgelistete Klausel
zum Gegenstand eines Vertrags gemacht, sollten die Parteien bedenken,
dass manche Werkzeuge durch Wartungs- und Instandsetzungsarbeiten im
Laufe der Zeit im Grunde komplett neu hergestellt werden können und es
sich deshalb bei den Werkzeugen, die sich nach ca. 10 Jahren im Besitz
des Lieferanten befinden, nicht mehr um die ursprünglich hergestellten
Werkzeuge handelt. Dies kann in Einzelfällen dazu führen, dass die Eigen-
tumsverhältnisse nicht mehr eindeutig sind. Deshalb empfiehlt sich folgende
Ergänzung:

Sollten Wartungs- bzw. Reparaturarbeiten einer Neuherstellung des Werk-
zeugs gleichkommen, sind sich die Parteien darüber einig, dass auch das
neu geschaffene Eigentum auf den Auftraggeber übertragen wird und dieser
auch diese Werkzeuge an den Lieferanten verleiht.

Beispielklausel: Benutzung, Aufbewahrung und Versicherung der
Formen und Werkzeuge

Die Formen und Werkzeuge verbleiben nach Fertigstellung beim Lieferan-
ten, sofern der Auftraggeber nicht von seinem Recht auf Werkzeugabzug
Gebrauch macht.

Der Lieferant ist verpflichtet, die Werkzeuge und Formen sorgfältig zu be-
handeln, schonend einzusetzen und in einem so guten und gebrauchsfähi-
gen Zustand zu erhalten, dass die Produktion einwandfreier Teile gewähr-
leistet ist.

Der Lieferant ist verpflichtet, die Werkzeuge und Formen auf seine Kosten
gegen Brand, Wasser, Sturm und Diebstahl zu Gunsten des Auftraggebers
zum Wiederbeschaffungswert zu versichern und dem Auftraggeber die Ver-
sicherung nachzuweisen.

Die Aufbewahrungsfrist für den Lieferanten endet 10 Jahre nach Ausführung des letzten Auftrags für die aus den Werkzeugen bzw. Formen für den Auftraggeber herzustellenden Produkte.

Eine Verschrottung oder sonstige Verwertung der Formen und Werkzeuge setzt jedoch eine vorherige einzuholende schriftliche Zustimmung des Auftraggebers voraus.

Eine Versicherung der Werkzeuge „zu Gunsten des Auftraggebers" kommt nur in Betracht, wenn die Werkzeuge im Eigentum des Auftraggeber stehen. Aber auch wenn die Werkzeuge im Eigentum des Lieferanten stehen, empfiehlt es sich für das einkaufende Unternehmen, den Lieferanten zu verpflichten, dass Werkzeug zu versichern, um eine schnelle Wiederbeschaffung zu gewährleisten.

Die Frage, wie lange Werkzeuge nach dem Ende der Serienproduktion aufzubewahren sind, lässt sich nur mit dem für Juristen typischen „es kommt darauf an" beantworten. Zunächst wird man nach dem Ende der Serienproduktion die Werkzeuge zumindest für die Zeit der Erfüllung möglicher Sachmängelhaftungsansprüche aufzubewahren haben. Dies sind zumindest zwei Jahre. Des Weiteren wird eine ggf. über diesen Zeitraum hinaus bestehende Verpflichtung zur Ersatzteilbelieferung zu berücksichtigen sein, und am Ende dieses Zeitraums wird man wiederum eine Zeit für mögliche Sachmängelhaftungsansprüche für die letzte Ersatzteillieferung zu berücksichtigen haben. Die oben genannte Klausel geht deshalb sehr großzügig von 10 Jahren „nach Ausführung des letzten Auftrags für die aus den Werkzeugen bzw. Formen für den Auftraggeber herzustellenden Produkte" aus. „Ausführung des letzten Auftrags" bedeutet in diesem Zusammenhang die letzte Ersatzteillieferung.

Beispielklausel: Verzeichnis aller Werkzeuge und Formen

Der Lieferant ist verpflichtet, über sämtliche Fertigungsmittel des Auftraggebers ein Bestandsverzeichnis mit genauer Bezeichnung und Identifikation der Fertigungsmittel zu führen und die jeweils aktuelle Fassung des Verzeichnisses dem Auftraggeber zuzusenden.

Dieses Verzeichnis ist für den Auftraggeber zur Erfüllung seiner bilanziellen Verpflichtungen wichtig.

Beispielklausel: Rechtsfolgen bei Vertragsverletzungen durch den Lieferanten

Unbeschadet weitergehender gesetzlicher Ansprüche stehen dem Auftraggeber gegenüber dem Lieferanten folgende Rechtsbehelfe zur Verfügung:

1. Rechtsbehelfe wegen mangelhaftem Werkzeug/mangelhafter Formen

Ist ein Werkzeug/eine Form nicht vertragsgerecht, so ist der Lieferant zur unverzüglichen Nacherfüllung zu seinen Lasten innerhalb einer vom Auftraggeber zu setzenden angemessenen Frist verpflichtet. Der Auftraggeber wird die Nacherfüllung durch eine erneute Bemusterung überprüfen. Die Kosten einer erneuten Bemusterung gehen zu Lasten des Lieferanten.

Sollte sich herausstellen, dass das Werkzeug/die Form trotz Nacherfüllung nicht vertragsgerecht ist, so ist der Auftraggeber nach seiner Wahl berechtigt, weitere Nachbesserungen selbst vorzunehmen oder durch Dritte vornehmen zu lassen und vom Lieferanten Ersatz der erforderlichen Aufwendungen zu verlangen. Kann der Lieferant nicht innerhalb einer angemessenen Frist nacherfüllen, ist der Auftraggeber berechtigt, vom Vertrag zurückzutreten und Schadensersatz statt Leistung zu verlangen.

2. Rechtsbehelfe wegen Nichtverfügbarkeit der Formen und Werkzeuge

Der Lieferant hat dem Auftraggeber sämtliche Schäden zu ersetzen, die diesem durch eine Nichtverfügbarkeit der Formen und Werkzeuge entstehen, es sei denn, der Lieferant hat die Nichtverfügbarkeit nicht zu vertreten. Des Weiteren haftet der Lieferant dem Auftraggeber auch für Schäden, die durch einen Diebstahl der Formen oder Werkzeuge entstehen.

3. Rechtsbehelfe wegen Nichteinhaltung der Ausbringungsmenge

Der Lieferant hat dem Auftraggeber sämtliche unmittelbaren und mittelbaren Schäden zu ersetzen, die diesem durch die Nichteinhaltung der Ausbringungsmenge entstehen, es sei denn, der Lieferant hat die Nichteinhaltung der Ausbringungsmenge nicht zu vertreten. Außerdem hat der Lieferant die vom Auftraggeber gezahlten Herstellungskosten anteilig zurückzugewähren, wenn das Werkzeug bzw. die Form infolge Verschleißes nicht mehr reparaturfähig ist, obwohl die vorausgesetzte Leistung noch nicht erreicht ist.

4. Rechtsbehelfe wegen Pfändung der Werkzeuge und Formen durch Gläubiger des Lieferanten

Der Lieferant ersetzt dem Auftraggeber sämtliche erforderlichen Kosten, die diesem zur Abwehr von Pfändungen oder sonstigen Zugriffen auf die Werkzeuge und Formen durch Gläubiger des Lieferanten entstehen. Der Auftraggeber hat diesbezüglich einen Anspruch auf Zahlung eines Vorschusses.

Diese Klauseln ergänzen die gesetzlichen Ansprüche an einigen Stellen zugunsten des einkaufenden Unternehmens. So stellt der erste Absatz von Nr. 1 klar, dass die Kosten zusätzlicher Bemusterungen vom Lieferanten zu tragen sind. Zu beachten ist jedoch, dass diese Klausel auch dann Anwendung finden könnte, wenn der Lieferant aufgrund des Werkzeugvertrags nicht zur Übertragung des Eigentums verpflichtet wäre und es sich somit nicht um einen Werklieferungsvertrag handeln sollte. In einem solchen Fall gäbe es keinen gesetzlichen Anspruch des Kunden, aufgrund dessen dieser vom Lieferanten die Nacherfüllung verlangen könnte. Möchte der Kunde, ohne Eigentümer des Werkzeugs zu werden, einen Nacherfüllungsanspruch gegen den Lieferanten, so muss er diesen durch eine entsprechende Klausel vertraglich vereinbaren.

Beispielklausel: Laufzeit, Kündigung

Der Werkzeugleihvertrag endet mit dem Ablauf des letzten Auftrags zur Herstellung von Teilen durch den Auftraggeber, zu dessen Durchführung der Entleiher die Werkzeuge benötigt.

Der Auftraggeber teilt dem Lieferanten den genauen Zeitpunkt der Vertragsbeendigung schriftlich mit. Der Lieferant verpflichtet sich, die entliehenen Werkzeuge zu dem in der Mitteilung genannten Termin in einwandfreiem, voll funktionsfähigem Zustand an den Auftraggeber zurückzugeben.

Da es sich bei den oben dargestellten Regelungen um einen aus Werklieferungs- und Leihvertrag zusammengesetzten Vertrag handelt und der Leihvertrag als Dauerschuldverhältnis nur aufgrund gesetzlicher bzw. vertraglicher Kündigungsgründe beendet werden kann, sollte in jedem Fall eine Regelung bzgl. der Kündigung in den Vertrag aufgenommen werden. Diesbezüglich sei ausdrücklich darauf hingewiesen, dass in bestimmten Fällen auch der Lieferant ein Interesse an einer Beendigung des Leihvertrags haben kann, nämlich insbesondere dann, wenn nach Auslauf der Serienproduktion längere Zeit keine Aufträge mehr erteilt wurden und auch nicht zu erwarten ist, dass in Zukunft bezüglich dieses Teils Aufträge eingehen werden. Dann möchte der Lieferant das Werkzeug nicht weiter lagern und instand halten müssen. Vielmehr möchte er, dass der Auftraggeber das Werkzeug abholt. Bei obiger Regelung ist die Bestimmung des Zeitpunkts des „letzten Auftrags" allerdings von der schriftlichen Mitteilung des Auftraggebers abhängig, sodass ohne diese Mitteilung immer noch mit Aufträgen zu rechnen ist und das Werkzeug deshalb weiterhin beim Lieferanten verbleiben müsste. Für den Lieferanten empfiehlt sich deshalb folgende Regelung:

Der Werkzeugleihvertrag kann vom Lieferanten mit einer Frist von ___ Monaten gekündigt werden, wenn in einem Zeitraum von 12 Monaten keine Aufträge mehr mit dem Werkzeug gefertigt werden mussten.

Kündigt der Lieferant den Werkzeugleihvertrag, ist der Auftraggeber verpflichtet, das Werkzeug innerhalb von 3 Monaten beim Lieferanten abzuholen. Kommt der Auftraggeber mit dieser Verpflichtung in Verzug, kann der Lieferant, nachdem er dem Auftraggeber eine angemessene Frist zur Abholung gesetzt hat und diese ebenfalls erfolglos abgelaufen ist, das Werkzeug auf Kosten des Auftraggebers verschrotten.

Beispielklausel: Nachträge

Ergänzungen, Löschungen oder Änderungen der Bestimmungen dieser Vereinbarung gelten nur dann als verbindlich für die Parteien, wenn sie schriftlich vorliegen und von den dazu ordnungsgemäß bevollmächtigten Vertretern beider Parteien unterzeichnet wurden. Alle Ergänzungen, Löschungen oder Änderungen müssen sich konkret auf diese Vereinbarung beziehen.

Diese oder ähnliche Schriftformklauseln finden sich in einer Vielzahl von Verträgen. Diesbezüglich sollte man jedoch bedenken, dass Änderungen des Werkzeugvertrags mittels E-Mail aufgrund dieser Nachträgeklausel nicht wirksam wären, es sei denn, die E-Mail wäre unterschrieben.

Beispielklausel: Teilnichtigkeit

Sollten einzelne Bestimmungen dieser Vereinbarung unwirksam sein, wird die Wirksamkeit der übrigen Bestimmungen hiervon nicht berührt. Statt der unwirksamen Bestimmung gilt das Gesetz. Sofern das Gesetz eine Regelungslücke aufweist, ist diese im Wege der ergänzenden Auslegung unter Berücksichtigung der wirtschaftlichen Interessen des Auftraggebers zu schließen.

Wie jeder Vertrag sollte auch der Werkzeugvertrag eine sogenannte „salvatorische Klausel" enthalten. Diese könnte z.B. auch über die Einbeziehung des Rahmenvertrags zum Gegenstand des Werkzeugvertrags gemacht werden.

Beispielklausel: Gerichtsstand

Wie jeder Vertrag sollte auch ein Werkzeugvertrag eine Gerichtsstands- oder Schiedsgerichtsklausel enthalten. Diese könnte z.B. auch über die Einbeziehung des Rahmenvertrags zum Gegenstand des Werkzeugvertrags gemacht werden. Fehlt eine solche Klausel, müsste das einkaufende Unternehmen den Lieferanten bei Streitigkeiten hinsichtlich des Werkzeugvertrags bei dem für den Ort der Niederlassung des Lieferanten zuständigen Gericht verklagen.

Beispielklausel: Anzuwendendes Recht, Vertragssprache

Für die Beziehungen zwischen dem Auftragnehmer und dem Auftraggeber gilt ausschließlich das internationale UN-Kaufrecht (CISG) soweit nicht etwas anderes vereinbart ist. Die Vertragssprache ist Englisch.

Wie jeder Vertrag sollte auch der Werkzeugvertrag eine Rechtswahlklausel enthalten. Darunter versteht man die Festlegung derjenigen Rechtsordnung, die im Falle eines Rechtsstreits Anwendung finden soll. Diese könnte z.B. auch über die Einbeziehung des Rahmenvertrags zum Gegenstand des Werkzeugvertrags gemacht werden. Fehlt eine solche Klausel, unterliegt der Werkzeugvertrag, wenn der Lieferant seine Niederlassung im Ausland hat, dem Recht des Niederlassungsorts des Lieferanten. Doch selbst wenn die Parteien die Anwendung des deutschen Rechts vereinbaren, ist zu beachten, dass sich aufgrund von Art. 43 Absatz 1 EGBGB (Einführungsgesetz zum BGB), die Rechte an einer Sache immer nach dem Recht des Landes richten, in dem sich die Sache befindet. Befindet sich das Werkzeug also z.B. im Ausland, so bestimmen sich die Eigentumsrechte an dem Werkzeug aufgrund von Art. 43 Absatz 1 EGBGB demnach trotz obiger Klausel nicht nach deutschem Recht, sondern nach dem Recht des Landes, in dem sich das Werkzeug befindet. Dem versuchen manche Parteien dadurch aus dem Weg zu gehen, dass sie vereinbaren: „Es gilt ausschließlich deutsches Recht unter Ausschluss des deutschen internationalen Privatrechts. Eine solche Klausel mag in Einzelfällen zwischen den Parteien wirksam sein, gegenüber Dritten wird man dies ggf. nicht mit Erfolg einwenden können. Sofern es Übersetzungen des Werkzeugvertrags in andere Sprachen gibt, sollte in jedem Fall festgelegt werden, bei welcher sprachlichen

Fassung es sich um den verbindlichen Text handelt. In diesem Zusammenhang sei darauf hingewiesen, dass bei der Vereinbarung eines deutschen Gerichtsstandes die Gerichtssprache deutsch ist. Verwenden die Parteien z.B. einen englischsprachigen Vertragstext und kommt es später zu einem Rechtstreit vor einem deutschen Gericht, so muss der Vertrag vom Englischen ins Deutsche übersetzt werden. Selbst wenn dabei die Rechtsbegriffe korrekt übersetzt werden, stellt sich im Einzelfall die Frage, welche Bedeutung die Parteien den Rechtsbegriffen zugemessen haben. Übersetzt ein deutsches Unternehmen z.B. den Begriff „Gewährleistung" ins Englische und schreibt in dem Vertrag „Warrenty" so meint der deutsche Vertragspartner damit, dass er im Falle eines Mangels auch einen Anspruch auf Nacherfüllung im Sinne einer Ersatzlieferung hat. Da der angelsächsische Rechtskreis die Verpflichtung zur Ersatzlieferung nur in Ausnahmefällen kennt, wird ein Engländer oder Amerikaner unter dem Begriff „Warrenty", keinen Anspruch auf Ersatzlieferung subsumieren. Dadurch können sich in einem Rechtsstreit eine Vielzahl von Problemen ergeben, die vermeidbar sind, wenn die Parteien die sprachliche Fassung des Vertrags als die verbindliche erklären, in deren Sprache ggf. auch ein Gerichtsverfahren durchgeführt werden müsste.

4.5   Dokumentation von Verhandlungsergebnissen

Für einen reibungslosen Geschäftsverlauf ist die Auswahl von anwendbaren und vom Partner akzeptierten Verträge ein enorm wichtiger Schritt, damit alle relevanten Punkte bezogen auf die Vertragsgestaltung abgedeckt werden können. Die Vereinbarungen mit dem Lieferanten müssen ausgefeilt und verbindlich definiert werden, um eine Kosten- und Haftungsspirale zu vermeiden. Was Großkonzerne vorexerzieren, sollte auch verstärkt durch kleinere Betriebe wahrgenommen werden. Der Vertrag sollte den Dialog zwischen Partnern nicht ausschließen, sondern im Gegenteil fördern, damit Vertrauen und Kommunikation die Garanten für einen reibungslosen Ablauf sind. Bedingt durch den Kostendruck geht der Trend in Richtung Just-in-Time oder produktionssynchrone Lieferung und ruft deshalb ein Umdenken hinsichtlich Qualitätsmaßnahmen hervor, was in detaillierte und ausgereifte Qualitätssicherungsverträge mündet. Die Formulierungen dieser Punkte sind sehr wichtig für eine rentable Zusammenarbeit mit einem zukünftigen Lieferanten oder Partner. Bei Verträgen mit Lieferanten im Ausland ist es sinnvoll, bevor verhandelt wird, abzuklären, ob die deutsche Gesetzgebung auch in diesem Land gültig ist oder Ergänzungen einzuplanen sind, damit die Rechtslage für beide Parteien eindeutig ist. Außerdem ist es sehr wichtig, auf den Gerichtsstand zu achten bzw. internationales Recht anzuwenden.

5.0   Zusammenfassung und Ausblick

Unser Exkurs in die Tiefen des Internationalen Vertragsmanagements hat hiermit seinen Abschluss erreicht. Wir hatten versprochen, kein juristisches Handbuch erstellt zu haben, sondern einen praktischen Ratgeber, der internationale Rechtsgrundlagen im globalen Einkauf von Waren und Dienstleistungen leicht verständlich darlegt. Selbstredend können die hier behandelten Themen eine juristische Einzelbewertung und Überprüfung nicht ersetzen, sie stellen jedoch einen fundierten und praxisnahen Überblick über die Risiken und Chancen professionell gestalteter Vereinbarungen im internationalen Vertragsrecht dar. Verantwortliche im Bereich Einkauf, Projektmanagement, Technik und letztendlich auch die Geschäftsführung haben mit diesem Buch ein praktisches Nachschlagewerk in der Hand, dass es Ihnen ermöglicht, die Grundlagen für ein professionelles und Risiko minimiertes Vorgehen im globalen Einkaufsgeschäft durch die Anwendung internationaler Verträge zu gewährleisten. Mit Verträgen allein können Probleme nicht gelöst werden, dazu bedarf es einer soliden und verlässlichen Partnerschaft zwischen Auftraggeber und Auftragnehmer, allerdings wären die Probleme ohne eine vernünftige Vertragsbasis wesentlich risikoreicher.

Dieses Werk soll dazu beitragen, zu wissen, welche Mittel und Möglichkeiten einem im internationalen Geschäft zur Verfügung stehen und welche Verträge wann und wo sinnvoll eingesetzt werden können. Ferner sind gute Verträge und Vereinbarungen kein Hexenwerk. Die Kenntnisse über die Anwendung von CISG, dem internationalen Kaufrecht, helfen einem im Bedarfsfall schon wesentlich weiter. Auch sollte der Satz in vielen Verträgen:

UN-Kaufrecht wird hiermit ausdrücklich ausgeschlossen

nicht unreflektiert übernommen und akzeptiert werden. Ein Kaufvertrag in Anlehnung an CISG und gepaart mit ein oder zwei individuellen Zusatzverträgen, wie zum Beispiel eine Qualitätsvereinbarung oder ein Werkzeugvertrag, kann zweifelsfrei die Grundlage eines vernünftigen und realistischen internationalen Vertragswerks bilden. Die Autoren wünschen den Lesern dieses Buchs viel Erfolg in der praktischen Umsetzung der hier behandelten Themen.

Wilfried Krokowski   Sven Regula

Literaturverzeichnis

Caemmerer/Schlechtriem/Ferrai: Kommentar zum UN-Kaufrecht, 5. Aufl. 2008

Hartmann, H.: Modernes Einkaufsmanagement, Band 15, Deutscher Betriebswirte-Verlag GmbH, Gernsbach 2007

Hartmann/Orths/Pahl: Lieferantenbewertung - aber wie?, Band 2, Deutscher Betriebswirte-Verlag GmbH, Gernsbach 1992/2008

Krokowski, W. (Hrsg.): Globalisierung des Einkaufs, Springer Verlag 1998

Krokowski/Sander: Global Sourcing und Qualitätsmanagement: Strategien in der internationalen Beschaffung, Band 17, Deutscher Betriebswirte-Verlag GmbH, Gernsbach 2009

Wittenstein/Böckl: Ausländisches Wirtschaftsrecht, Erich Schmidt Verlag GmbH & Co., Berlin 1971

Graf v. Westphalen, Partnerschaftliche Lieferbeziehungen – Ein Beispielsfall, in: BetriebsBerater 2000, Seite 1.529, 1.532

Abkürzungsverzeichnis

Abs.	Absatz
AGB	Allgemeine Geschäftsbedingungen
Art.	Artikel
AZ	Aktenzeichen
BGB	Bürgerliches Gesetzbuch
BGH	Bundesgerichtshof
BGHZ	Bundesgerichtshof in Zivilsachen
CIF	Kosten (Cost), Versicherungen (Insurance) und Fracht (Freight)
CISG	Convention on Contracts for the International Sale of Goods
CMR	*Convention relative au contrat de transport international de marchandises parroute* (Internationale Vereinbarung über Beförderungsverträge auf Straßen)
DIN	Deutsches Institut für Normen
EG	Europäische Gemeinschaft
EGBGB	Einführungsgesetz zum Bürgerlichen Gesetzbuch
FOB	Free on Board
GPS	Global Procurement Services
GVG	Gerichtsverfassungsgesetz
ISO	International Organization for Standardization
HGB	Handelsgesetzbuch
JV	Joint Venture
KVP	Kontinuierlicher Verbesserungsprozess
LCC	Low Cost Country
LG	Landgericht
lit.	littera
LOI	Letter of Intent
MS	Microsoft
NDA	Non-Disclosure Agreement
Nr.	Nummer
OLG	Oberlandesgericht
ÖstOGH	Oberster Gerichtshof (*OGH*) Österreich
ppm	Parts per Million
QA	Qualitätsvereinbarung
QCPT	Quality Control Procedures and Tests
QVP	Qualitätsvorausplanung
S	Satz
TS	Technische Spezifikation
UN	United Nations

Stichwortverzeichnis

Nachfolgend haben die Autoren einige wichtige Worte und Begriffe aufgelistet, die dem Leser die Suche nach bestimmten Themen und Schlagwörtern erleichtern soll. Das Verzeichnis erhebt nicht den Anspruch auf Vollständigkeit.

Wilfried Krokowski / Ernst Sander

Global Sourcing und Qualitätsmanagement

Strategien in der internationalen Beschaffung

Band 17
Praxisreihe Einkauf/Materialwirtschaft

2009, 212 Seiten
ISBN 978-3-88640-137-6

Herausgeber:
Professor Dr.
Horst Hartmann

Praxisreihe Einkauf
Materialwirtschaft
Band
17

Wilfried Krokowski / Ernst Sander

Global Sourcing und
Qualitätsmanagement

Strategien in der
internationalen Beschaffung

Deutscher Betriebswirte-Verlag GmbH

Unternehmen sehen sich mehr denn je einem wachsenden Wettbewerbsdruck gegenüber und sind gefordert, Wertschöpfungsnetze international auszurichten und kontinuierlich zu verbessern. Während Produktionsmanager neue Werke in China planen und Logistiker neue Standorte in bestehende Netze integrieren, sind Einkäufer heutzutage bemüht, Lieferanten zur Unterstützung der Produktion in Emerging Countries aufzubauen.

Das vorliegende Buch enthält eine Fülle praxisgerechter und umsetzbarer Tipps und Tools für eine erfolgversprechende Vorgehensweise. Die Lektüre ist ein Muss für jeden Einkäufer und Logistiker, der sich seiner unternehmerischen Verantwortung bewusst ist. Abgerundet werden die Themen durch anschauliche Checklisten zur Selbstbestimmung.

Ein Buch von Praktikern für Praktiker, aber auch für Studierende mit dem Schwerpunkt Einkauf / Logistik.

Deutscher Betriebswirte-Verlag GmbH

Bleichstraße 20-22 · 76593 Gernsbach, Deutschland
Tel. +49 7224 9397-151 · Fax +49 7224 9397-905 · www.betriebswirte-verlag.de

Printed by Libri Plureos GmbH
in Hamburg, Germany